HERZHAFTE BEILAGEN VON KNÖDEL BIS REIS

Meister Verlag GmbH

INHALT

Osteuropa

Nord- & Mitteleuropa

Herzhafte Beilagen aus aller Welt

Aus einfachen Grundnahrungsmitteln, wie Kartoffeln, Weizen, Reis oder Mais, schmackhafte und immer wieder andere Speisen zuzubereiten, zeugt von höchster Kochkunst – in jeder Kultur der Welt.

Neue Welt

Die amerikanische Küche hat mehr zu bieten als nur Fastfood. Vielseitigkeit, Kreativität, Abenteuerlust und viel Neugier waren notwendig, um die Neue Welt zu erobern und dabei eine eigenständige Kultur zu entwickeln. Die gleichen Eigenschaften brachten kulinarische Highlights, wie Wildreis mit Bananen aus Boston oder Avocadonudeln mit Tomaten und grünen Bohnen aus dem Südwesten der USA, hervor.

Mittelmeerraum

Alle Mittelmeerbewohner haben eines gemeinsam: Nach der großen Hitze und Anstrengung des Tages lieben sie es, in der belebenden Kühle der frühen Abendstunden im Kreise ihrer Familie und Freunde in Ruhe ein leckeres Essen zu genießen. Was gibt es Schöneres?

Afrika & Naher Osten

Getreidegerichte sind wesentlicher Bestandteil afrikanischer Kochkunst. Für viele Menschen sind Reis, Mais und Hirse die wichtigsten Grundnahrungsmittel. Nirgendwo versteht man sich daher besser darauf, aus

Osteuropa

dem bei uns oft verschmähten »Körnerfutter« die schmackhaftesten Gerichte zuzubereiten, die mehr als Beilagencharakter haben. Knusprige Maisnocken oder Couscous mit Gemüse werden Sie davon überzeugen.

Bunt und farbenfroh lieben es unsere östlichen Nachbarn, auch wenn es »nur« um Beilagen geht. Buchweizengrütze mit Speck, Eiergraupen mit Paprikasauce und natürlich Klößchen in vielen Varianten sind die Favoriten in Osteuropas Küchen.

Mittel- & Südamerika

Kartoffeln und Mais bestimmen die Küche Mittel- und Südamerikas. In Kombination mit Gemüse und Käse entstehen aus ihnen allerlei köstliche Beilagen, die sich auch als Hauptgericht anbieten, wenn man sie mit Salat entsprechend »streckt«.

Asien & Ferner Osten

Die typischste Beilage des Fernen Ostens ist unumstritten Reis – in all seiner duftenden Vielfalt: Indischer Zwiebel-Butter-Reis zergeht auf der Zunge, und Oliven-Safran-Pilaw aus Afghanistan verzaubert durch orientalische Gewürze.

Nord- & Mitteleuropa

Mit viel Liebe und Phantasie werden in Nord- & Mitteleuropa die herrlichsten Knödel, krosse Kroketten, würzige Klößchen, gefüllte Nudeln und andere Spezialitäten zubereitet. Karamelisierte Kartoffeln oder lockere »Schmarren« stellen manches Hauptgericht in den Schatten.

Knusprige Maisnocken

Dreierlei Getreide – pikant gewürzt und in aromatischem Palmöl knusprig gebacken: Die feine Beilage ist Afrika pur und trotzdem genau das Richtige für europäische Gaumen.

GHANA

ZUTATEN

(Für 4 Portionen)

- 125 g Rundkornreis
- 200 g feines Maismehl
- 50 g Weizenmehl
- 1 TL Cayennepfeffer
- 1 TL edelsüßes Paprikapulver
- ¼ TL Ingwerpulver
- Salz, schwarzer Pfeffer
- 2 Eier
- 4 mittelgroße Zwiebeln
- 9 EL Palmöl oder neutrales Öl (siehe Zutatentip)

ZUTATENTIP

Palmöl gehört zu Afrika wie Olivenöl zu Italien. Die Samen der Palmfrucht liefern das für die afrikanische Küche so geschmackstypische Öl. Sie bekommen es in Afrikaläden. Ersatzweise können Sie auch geschmacksneutrales Sonnenblumenöl nehmen.

1 Den Reis möglichst fein mahlen (siehe Kochtip). Dann mit dem Maismehl, dem Weizenmehl, dem Cayennepfeffer, dem Paprika und dem Ingwer in einer Schüssel gut mischen. Anschließend salzen und pfeffern.

Schritt 1

2 Die Eier mit ⅛ l kaltem Wasser verquirlen und dazugeben. Alles mit den Schneebesen des Handrührgerätes zu einem dicken Brei verrühren. Den Brei zugedeckt bei Zimmertemperatur etwa 30 Minuten ruhen lassen.

3 Die Zwiebeln schälen, fein würfeln und mit einem Kochlöffel unter den Teig mischen. Eventuell noch soviel kaltes Wasser dazugeben, daß der Teig ähnlich wie Rührteig in langen Zapfen vom Kochlöffel abreißt.

Schritt 4

4 Den Teig in 3 Portionen teilen: Das Öl in einer großen Pfanne erhitzen. Vom ersten Teigdrittel mit 2 Eßlöffeln walnußgroße Teignocken abstechen, ins heiße Öl geben und etwa 10 Minuten zugedeckt bei mittlerer bis schwacher Hitze backen.

Schritt 5

5 Die Nocken wenden und in der offenen Pfanne in weiteren 5-6 Minuten knusprigbraun backen (siehe Kochtip). Mit den 2 restlichen Teigportionen ebenso verfahren.

Zubereiten **45** Min. Backen **45** Min.

Pro Portion: 415 kcal/1736 kJ;
13 g EW; 8 g F; 73 g KH

TYPISCH GHANAISCH

Auf dem Schwarzen Kontinent zählen Mais und Reis zu den wichtigsten Grundnahrungsmitteln. Die Körner werden von den Frauen in mühevoller Arbeit zu einem Getreidebrei zerstampft, der dann meist einige Tage ziehen muß. Dann bindet er besser, so daß die Teigbällchen beim Backen gut zusammenhalten.

Kochtip

- Anstelle einer Getreidemühle können Sie auch eine gut gereinigte Kaffeemühle oder einen Blitzhacker verwenden, um den Rundkornreis zu mahlen. Fertiges Reismehl ist hier kein Ersatz, da es im Gegensatz zu gemahlenem Rundkornreis zu wenig Stärke enthält.
- Fertige Nocken auf Küchenpapier abtropfen lassen.

Serviertip

Reichen Sie dazu eine Tomatensauce, mit frischen Chilischoten oder Cayennepfeffer scharf gewürzt.

Als Getränk paßt am besten Palmwein, den Sie in Afrikaläden oder Feinkostgeschäften bekommen.

Gewürzgriess mit Erdnusskernen

Nigeria

Ein Grieß der Spitzenklasse, locker und körnig wie gebratener Reis. Hier verbindet sich afrikanische Kochkunst mit indischer Würz-Raffinesse und feuriger Schärfe aus Lateinamerika.

Zutaten
(Für 4 Portionen)

- 150 g Weizengrieß
- 1 rote Chilischote
- 50 g Erdnußkerne
- 1 Zwiebel
- 1 EL Butterschmalz
- 1 TL Senfkörner (siehe Zutatentip)
- Saft von 1 Zitrone
- 1 TL Salz
- 1 EL Öl
- 1 EL gehackte Petersilie

Zutatentip

Die besten Senfkörner für dieses Gericht bekommen Sie im Supermarkt: dunkelgelbe oder hellbraune Sarepta-Senfkörner. Sie schmecken aromatischer als milde weiße und nicht so brennend scharf wie schwarze Senfkörner. Mit Sarepta-Senfpulver wird auch würziger Tafelsenf hergestellt.

1 Den Backofen auf 200 °C vorheizen. Den Grieß auf einem Backblech ausbreiten und im Ofen (Gas 3; Umluft 180 °C) 15 Minuten backen, bis er hellbraun ist.

2 Die Chilischote längs halbieren, von Stielansatz sowie Samensträngen befreien und waschen. Dann in feine Streifen schneiden. Die Erdnußkerne grob hacken, die Zwiebel schälen und kleinwürfeln.

3 Das Butterschmalz in einer Pfanne erhitzen. Die Senfkörner darin bei mittlerer Hitze rösten, bis sie aufplatzen. Die Zwiebelwürfel dazugeben und glasig dünsten. Die Chilischote und die Erdnußkerne hinzufügen.

4 Den Zitronensaft mit ¼ l Wasser und dem Salz mischen und dazugießen. Alles einmal aufkochen und dann zugedeckt 5 Minuten bei schwacher Hitze köcheln lassen.

5 Den Grieß mit dem Öl daruntermischen und zugedeckt bei schwacher Hitze etwa 15 Minuten garen, bis er trocken und körnig ist. Dabei immer wieder umrühren, damit der Brei locker wird. Anschließend noch einmal mit Salz abschmecken und mit der Petersilie vermischt heiß servieren (siehe Kochtip).

Schritt 2

Schritt 3

Schritt 4

Zubereiten **40 Min.**

Pro Portion: 240 kcal/1004 kJ; 7 g EW; 10 g F; 30 g KH

Typisch nigerianisch

Getreidespeisen aus Grieß, Hirse, Mais oder Reis sind bei einer afrikanischen Mahlzeit so wichtig wie Kartoffeln oder Nudeln in Europa. Auf dem Land werden die nahrhaften Körner seit jeher in der Sonne getrocknet und dann meist direkt zu Vollkornmehl weiterverarbeitet, das die Grundlage der meisten Speisen ist.

Kochtip

Der Grieß gelingt sehr gut in einer beschichteten Pfanne oder in einem schweren gußeisernen Bräter. Stetes Rühren ist beim Kochen sehr wichtig, damit der Grieß schön körnig wird. Nehmen Sie dazu einen Holzkochlöffel mit Loch in der Mitte: Er ist stabil genug und sorgt dafür, daß der Grieß schön locker wird.

Serviertip

Reichen Sie den gewürzten Grieß mit einer dicken Sauce aus Okraschoten, Zwiebeln und Tomaten.

Ein erfrischendes Mineralwasser oder ein kühles Bier schmeckt vorzüglich dazu.

Couscous mit Gemüse

Tunesien

Kein Wunder, daß Couscous so berühmt ist, schließlich gehört es zum Feinsten, was die nordafrikanische Küche bietet. Kosten Sie doch einmal diese Version mit buntem Sommergemüse.

ZUTATEN
(Für 4 Portionen)

- 500 g Couscous
- Salz
- 4 EL Öl
- 2 dünne Stangen Lauch
- 2 kleine rote Paprikaschoten
- 2 kleine Auberginen (siehe Zutatentip)
- 50 g Korinthen
- 1 Dose Kichererbsen (Füllmenge 400 g)
- ⅛ l Brühe
- weißer Pfeffer

Zutatentip

Wählen Sie beim Kauf von Fruchtgemüse, wie Paprikaschoten oder Auberginen, lieber kleinere Exemplare. Sie enthalten weniger Wasser als große Früchte, im Verhältnis aber mehr Fruchtfleisch. Deshalb schmecken sie meist auch viel aromatischer.

1 Den Couscous in eine Schüssel geben. Nach und nach 450 ml Wasser dazugießen. Zugedeckt 45 Minuten quellen lassen. Dann mit einer Gabel lockern und salzen.

Schritt 1

2 Den Boden eines hohen Topfes mit Wasser bedecken und 1 EL Öl darin erhitzen. Den Couscous zugeben. Bei schwacher Hitze zugedeckt 1 Stunde dämpfen (siehe Kochtip).

3 Lauch und Paprikaschoten putzen, waschen und kleinschneiden. Dann die Auberginen waschen und würfeln. Die Korinthen in 3 EL Wasser einweichen. Die Kichererbsen in einem Sieb abtropfen lassen.

Schritt 3

4 Das restliche Öl in einer Pfanne erhitzen. Das Gemüse darin anbraten, mit der Brühe ablöschen, einmal aufkochen und dann zugedeckt bei schwacher Hitze in 5-10 Minuten bißfest garen. Die Kichererbsen und die Korinthen dazugeben und kurz miterhitzen. Mit Salz und Pfeffer abschmecken.

5 Das Gemüse zusammen mit dem Couscous auf einer großen, vorgewärmten Platte anrichten und sofort heiß servieren.

Schritt 4

Zubereiten **45** Min. Garen **1** Std.
Pro Portion: 385 kcal/1611 kJ; 15 g EW; 18 g F; 41 g KH

Typisch tunesisch

Kulinarisch stellt das beliebteste Reiseland Nordafrikas einen grandiosen Schmelztiegel dar, in dem sich Raum und Zeit mischen: Den Grundstein legten die Römer mit Obst- und Gemüseanbau. Araber brachten den Reis, Türken die Süßigkeiten und die Afrikaner schließlich die Vielfalt an köstlichen Getreidespeisen.

Kochtip

Couscous gelingt mit einigen Tricks auch im normalen statt im Spezialtopf: Couscous nach dem Quellen gut lockern und im Topf wie eine Pyramide aufschichten. So kann der Dampf gut zirkulieren. Den Topfdeckel mit einem Tuch umwickeln und beschweren, damit er dicht schließt und der Dampf nicht entweicht.

Serviertip

Couscous schmeckt zu geschmortem Rindfleisch in einer Joghurtsauce mit Minze, Salz und Cayennepfeffer.

Als Getränk empfiehlt sich Pfefferminztee, Mineralwasser oder ein leichtes helles Bier.

*O*LIVEN-SAFRAN-PILAW

AFGHANISTAN

Appetitlich goldgelb, körnig, locker und trotzdem saftig, abgeschmeckt mit den feinen Aromen orientalischer Gewürze – so soll Pilaw sein. Diese Variante mit Gemüse ist besonders lecker.

ZUTATEN
(Für 4 Portionen)

- 1 TL Korianderkörner
- 2 Sternanis (siehe Zutatentip)
- 1 Döschen Safranfäden
- ¼ TL gemahlener Zimt
- 1 kleine Zwiebel
- 1 unbehandelte Zitrone
- 300 g Langkornreis
- 50 g Butterschmalz
- ¾ l Brühe
- 2 kleine Zucchini
- 3 mittelgroße Möhren
- 50 g schwarze Oliven
- Salz, weißer Pfeffer

AUSSERDEM

- Butter für die Schüssel
- Petersilie zum Garnieren

ZUTATENTIP

Sternanis würzt sanfter als Anis. Sie bekommen ihn in Asien- und Naturkostläden.

1 Die Korianderkörner, den Sternanis und den Safran in einem Mörser fein zerstoßen, Zimt untermischen. Die Zwiebel schälen und fein würfeln. Die Zitrone heiß waschen, ein großes Stück Schale dünn abschneiden und fein hacken. Den Saft auspressen. Den Reis kalt abspülen und gut abtropfen lassen.

Schritt 1

2 Die Hälfte des Butterschmalzes in einem Topf erhitzen. Die Zwiebel darin glasig werden lassen. Den Reis und die Gewürze kurz mitbraten. Die Brühe dazugießen und aufkochen. Den Pilaw zugedeckt bei schwacher Hitze 15 Minuten garen (siehe Kochtip).

Schritt 2

3 Die Zucchini waschen und die Möhren schälen. Jeweils in dünne Stifte schneiden. Die Oliven halbieren und entsteinen. Das restliche Butterschmalz in einer Pfanne erhitzen. Die Gemüsestifte mit den Oliven darin bei mittlerer Hitze weich schmoren.

4 Den Pilaw mit Salz und Pfeffer würzen. Eine Schüssel mit Butter ausfetten, den Pilaw hineindrücken, das Gemüse darauf geben und locker untermischen. Den Pilaw anschließend auf eine gut vorgewärmte Platte stürzen und mit Petersilie garniert servieren.

Schritt 4

Zubereiten **30** Min. Garen **20** Min.

Pro Portion: 705 kcal/2950 kJ; 39 g EW; 23 g F; 85 g KH

TYPISCH AFGHANISCH

Afghanistan ist geprägt von unwegsamen Gebirgen und weiten Wüsten. Immer war es ein Durchgangsland auf dem Weg ins üppige Indien. Kulinarisch hat es davon profitiert: würzige türkische Pilaws gehören ebenso zur afghanischen Küche wie raffinierte indische Currys oder Süßigkeiten aus dem Iran.

Kochtip

Richtig gegarter Reis hat die Flüssigkeit vollkommen aufgenommen. Er ist trocken, locker und körnig. Ein zwischen den Fingern zerdrücktes Korn gibt weich nach und hat keinen harten Kern mehr in der Mitte. Körner, die beim Zerdrücken ein X bilden, wurden zu lange gegart und sind zu weich geworden.

Serviertip

Pilaw schmeckt gut zu Lammragout oder zu geschmorten Auberginen mit Zwiebeln und frischen Datteln.

Trinken Sie dazu einen trockenen Roséwein aus der Türkei oder einen samtigen Roten aus Sizilien.

Serviertip Der Reis paßt gut zu indischen Currygerichten. Und danach Mandel- und Pistazieneis.

Bieten Sie einen indischen Yogi-Tee mit Honig oder Mineralwasser als Getränk an.

*I*NDISCHER ZWIEBEL-BUTTER-REIS

INDIEN

Der gewürzte Reis ist genau richtig, wenn Sie eine exquisite Beilage servieren wollen – vielleicht im vegetarischen Menü zu gebratenem Gemüse und Joghurtsauce mit Minze und Rosinen.

ZUTATEN

(Für 4 Portionen)

- 400 g Langkornreis
- 1 Zwiebel
- 1 kleine rote Chilischote
- 1 EL Butterschmalz
- 2 Kardamomkapseln (siehe Zutatentip)
- 3 Gewürznelken
- ½ TL Salz
- 1 EL Butter

ZUTATENTIP

Kardamomkapseln gibt es in Asien-, Gewürz- oder Feinkostläden. Sie halten das Aroma etwa ein Jahr. Kardamomsamen und -pulver bekommen Sie in Supermärkten. Am besten entfaltet sich das Aroma, wenn Sie Kapseln oder Samen im Mörser leicht zerquetschen und dann in Fett anrösten.

1 Den Reis in einem Sieb kalt abspülen und gut abtropfen lassen. Die Zwiebel schälen und in dünne Ringe schneiden. Die Chilischote längs aufschlitzen, die Samenstränge und Scheidewände entfernen. Die Schote unter kaltem Wasser gründlich ausspülen und in feine Streifen schneiden.

Schritt 1

2 Das Butterschmalz in einem großen Topf erhitzen. Die Kardamomkapseln im Mörser leicht zerquetschen. Die Zwiebelringe bei schwacher Hitze zuerst glasig, dann hellbraun werden lassen. Chilischote, Kardamomkapseln, Gewürznelken und Reis dazugeben und unter Rühren anbraten, bis der Reis glasig ist.

Schritt 2

3 Das Salz und ¾ l Wasser dazugeben und einmal aufkochen. Den Reis zugedeckt bei schwacher Hitze etwa 25 Minuten garen, bis er weich ist und die Flüssigkeit vollkommen aufgenommen hat.

4 Die Butter mit einer Gabel unter den dampfend heißen Reis ziehen. Nach Belieben zum Anrichten die Kardamomkapseln und die Gewürznelken entfernen.

Schritt 4

Zubereiten **35** Min.
Pro Portion: 390 kcal/1632 kJ; 7 g EW; 5 g F; 79 g KH

TYPISCH BENGALISCH

Die Küche der ostindischen Provinz ist berühmt für ihre Kunst des Würzens. Im Gegensatz zum Süden des Landes, wo brennende Chili-Schärfe gefragt ist, werden dort milde Chilis verwendet, die auch dem Europäer erlauben, alle Geschmacksnuancen auszukosten.

GEBACKENE MAISPUFFER

INDONESIEN

Fast-food auf asiatische Art: knusprige »Gemüse-Burger« mit fein-süßem Geschmack von Zuckermais und orientalischen Gewürzen. Für Ihre Kinder vielleicht das neue Lieblingsessen?

ZUTATEN
(Für 4 Portionen)

- 270 g Maiskörner aus der Dose (Abtropfgewicht)
- 1 mittelgroße Zwiebel
- 1 große Stange Sellerie
- 2 cm frischer Galgant (siehe Küchen-Lexikon)
- 150 g Mehl
- 1 TL Salz
- ¼ TL Backpulver
- 1 TL Kurkuma
- ½ TL gemahlener Kreuzkümmel (siehe Zutatentip)
- Saft von 1 kleinen Zitrone
- 1 Ei

AUSSERDEM

- 5 EL Öl zum Backen

ZUTATENTIP

Kreuzkümmel, auch als Kumin bekannt, gibt diesen Puffern die typische Würze. Normaler europäischer Kümmel ist nur schwacher Ersatz.

1 Die Maiskörner in ein Sieb schütten, kurz kalt abspülen und gut abtropfen lassen (siehe Kochtip). Die Zwiebel schälen und ganz fein würfeln. Den Sellerie waschen, trocknen, eventuell harte Fäden abziehen und die Stange sehr fein zerkleinern. Den Galgant schälen und auf der Rohkostreibe fein reiben.

Schritt 1

2 Das Mehl mit Salz, Backpulver, Kurkuma und Kreuzkümmel in einer Schüssel mischen. Den Zitronensaft mit 100 ml Wasser und dem Ei verquirlen. Die Mischung zum Mehl gießen und dabei mit den Schneebesen des Handrührgerätes rühren, bis ein glatter Teig entstanden ist. Dann die Zwiebel, den Sellerie, den Galgant und die Maiskörner mit einem Kochlöffel gründlich unterrühren.

Schritt 2

3 Das Öl in einer beschichteten Pfanne erhitzen. Für jeden Maispuffer etwa 1 EL Teig hineingeben und leicht flachdrücken. Die Puffer in der offenen Pfanne 5 Minuten braten, bis die Ränder goldbraun werden, dann wenden und auf der anderen Seite etwa 5 Minuten weiterbraten.

Schritt 3

Zubereiten **40** Min.
Pro Portion: 255 kcal/1067 kJ;
9 g EW; 6 g F; 41 g KH

TYPISCH JAVA

Das Zentrum des indonesischen Inselreiches verwöhnt mit einer Küche, die so vielfältig ist wie Java selbst: Nasi goreng erinnert an die grandiosen Reisterrassen, Fische und Meeresfrüchte in kokoscremiger Sauce an die weiten Küsten, Gemüsepuffer und bunte Salate an die üppige Vegetation fruchtbarer Vulkangebiete.

Kochtip

Zuckermais aus der Dose sollten Sie gründlich mit kaltem Wasser abspülen, damit die Puffer nicht zu süß schmecken. Am besten Sie verwenden frische Maiskolben: Diese etwa 10 Minuten in wenig kochendem Salzwasser zugedeckt knapp weich garen, abgießen, abtropfen lassen und von den Kolben schaben.

Serviertip

Die Indonesier essen gerne Schmorgemüse mit scharfem Sambal zu den knusprigen Maispuffern.

Als Getränk paßt ein kühles Lagerbier oder frisch gebrühter schwarzer Darjeeling-Tee.

*R*EIS 3 x ANDERS

Reis in Asien – das ist köstliche Vielfalt, Duft und Würze. Lassen Sie sich von diesen typischen Gerichten verführen!

MANDELREIS

Zubereiten **30** Min.

IRAK

(FÜR 4 PORTIONEN)

- **50 g Butter**
- **150 g abgezogene Mandeln**
- **300 g Langkornreis**
- **1 TL Salz**
- **1 Döschen Safranfäden**
- **5 EL heiße Hühnerbrühe**
- **schwarzer Pfeffer**

1 Die Butter in einem großen Topf erhitzen. Die Mandeln darin bei schwacher Hitze unter häufigem Wenden goldbraun braten. Herausnehmen und auf einem Teller beiseite stellen.

2 Den Reis in der Butter glasig werden lassen. 600 ml kaltes Wasser und das Salz dazugeben. Den Reis einmal aufkochen und zugedeckt auf der abgeschalteten Kochstelle 10 Minuten quellen lassen.

3 Den Safran in einem Mörser zerstoßen. Mit der heißen Brühe mischen und mit einer Gabel unter den Reis rühren.

4 Den Reis zugedeckt bei schwacher Hitze noch weitere 10 Minuten quellen lassen. Die Mandeln untermischen und den Reis 5 Minuten weitergaren, bis er körnig und weich ist. Mit Pfeffer abschmecken.

KOKOS

Zubereiten

THAILAND

(FÜR 4 PORTIONEN)

- **1 kleine rote Chilischote**
- **1 Stengel Zitronengras**
- **⅛ l Kokosmilch (ungesüßt)**
- **250 g Langkornreis**
- **1 EL Zucker, 1 TL Salz**
- **1 EL Kokosraspel**

1 Die Chilischote halbieren, von Stielansatz sowie Samensträngen befreien und unter kaltem Wasser gründlich waschen. Dann in feine Streifen schneiden. Das Zitronengras waschen, trockenschütteln und mit einer Nudelrolle etwas flachdrücken.

REIS

45 Min.

2 Die Kokosmilch in einen Topf geben und ⅜ l kaltes Wasser dazugießen. Die Chilischote, das Zitronengras, den Zucker und das Salz hinzufügen, dann alles unter Rühren einmal aufkochen lassen.

3 Den Reis nach und nach in die sprudelnd kochende Flüssigkeit rühren und zugedeckt bei schwacher Hitze in etwa 30 Minuten körnig weich garen. Den fertigen Reis mit einer Gabel auflockern. Das Zitronengras entfernen und den Reis anschließend in eine vorgewärmte Schüssel füllen. Mit den Kokosraspeln bestreuen und sofort servieren.

ZITRONENREIS

Zubereiten **30** Min. Garen **20** Min.

INDIEN

(FÜR 4 PORTIONEN)

- **250 g Basmatireis**
- **1 TL Salz**
- **1 kleine Zwiebel**
- **2 milde grüne Chilischoten**
- **2 cm frische Ingwerwurzel**
- **50 g Butterschmalz**
- **1 EL Cashewnußkerne**
- **1 EL Rosinen**
- **1 EL braune Senfkörner**
- **1 TL Kurkuma**
- **Saft von 1 großen Zitrone**
- **1 EL gehackte Petersilie**

1 Den Reis mit ½ l Wasser und Salz in einen großen Topf geben und 30 Minuten quellen lassen. Einmal aufkochen und dann zugedeckt bei schwacher Hitze in 15 Minuten bißfest garen. Vom Herd nehmen und mit einer Gabel auflockern.

2 Inzwischen die Zwiebel schälen und würfeln. Die Chilis längs halbieren, von Stielansatz sowie Samensträngen befreien. Die Schoten unter kaltem Wasser waschen und in feine Streifen schneiden. Den Ingwer schälen und reiben.

3 Das Butterschmalz in einem großen Topf erhitzen. Zwiebel, Chilis, Ingwer, Cashewkerne, Rosinen, Senfkörner und Kurkuma dazugeben. Alles bei mittlerer Hitze braten, bis die Nüsse goldbraun sind und die Senfkörner platzen.

4 Den heißen Reis, den Zitronensaft und die Petersilie mit einer Gabel untermischen. Den Reis zugedeckt auf der ausgeschalteten Kochstelle noch etwa 3 Minuten ziehen lassen. Anschließend heiß servieren.

GNOCCHI MIT KÄSESAUCE

AUSTRALIEN

Nicht nur englische, auch italienische Einwanderer prägten die australische Kochkunst. So kennt man auch am anderen Ende der Welt herrlich kräuterwürzige Klößchen in sahniger Sauce.

ZUTATEN
(Für 4 Portionen)

FÜR DIE GNOCCHI

- 1 Frühlingszwiebel
- 12 Spinatblätter
- ½ Bund gemischte Kräuter (siehe Zutatentip)
- 250 g Magerquark
- 80 g Mehl
- 50 g Hartweizengrieß
- 1 Eigelb
- 1 Ei
- Salz, schwarzer Pfeffer

FÜR DIE SAUCE

- 12 Salbeiblättchen
- 75 g Fontina-Käse
- 100 g Butter
- 100 g Schlagsahne
- schwarzer Pfeffer
- 2 EL geriebener Parmesan

ZUTATENTIP

Wählen Sie Kräuter mit zarten Blättern, wie Dill, Basilikum, Kerbel und Pimpinelle.

1 Die Frühlingszwiebel putzen, waschen und fein hacken. Die Spinatblätter und die Kräuter waschen, trockenschütteln und ebenfalls sehr fein zerkleinern. Alles mit Quark, Mehl, Hartweizengrieß, Eigelb, Ei, Salz und Pfeffer in einer Schüssel zu einem formbaren Teig vermischen (siehe Kochtip).

Schritt 1

2 Den Teig mit bemehlten Händen zu 2 Rollen von 2 cm Durchmesser formen und in knapp fingerdicke Scheiben schneiden. Die Scheiben mit einem Gabelrücken einkerben. Die Gnocchi nebeneinander auf ein Brett legen, mit einem Küchentuch bedecken und dann etwa 15 Minuten kühlen.

Schritt 2

3 Den Salbei waschen und in feine Streifen schneiden. Den Fontina reiben. Die Butter mit der Sahne in einem Topf erwärmen. Dann den Fontina langsam einrühren und bei schwacher Hitze in der Sauce auflösen. Die Sauce mit Pfeffer würzen und warm halten.

Schritt 3

4 Die Gnocchi in reichlich Salzwasser garen (siehe Kochtip), mit einem Schaumlöffel herausnehmen, abtropfen lassen und auf vorgewärmten Tellern verteilen. Mit der Sauce überziehen und mit dem Parmesan bestreuen.

Zubereiten **1** Std. **15** Min.
Garen **20** Min.
Pro Portion: 570 kcal/2385 kJ; 24 g EW; 40 g F; 28 g KH

TYPISCH AUSTRALISCH

Die Küche des fünften Kontinents ist eine wahre Verwandlungskünstlerin: So finden Sie indische Currys neben englischen Pies, Lachsmousse aus Frankreich neben holländischem Gemüsetopf. Oft mischt sich Vertrautes mit landestypischen Zutaten wie Känguruhkeule oder Meeresfrüchten vom Great Barrier Reef.

KOCHTIP

- Gnocchiteig sollte die Konsistenz von zimmerwarmer Butter haben. Zu weichen Teig mit etwas Grieß, zu festen Teig mit etwas Crème fraîche vermischen.
- Zum Garen die Gnocchi portionsweise in kochendes Wasser geben. Kochen, bis sie an die Oberfläche steigen. Dann noch 2-3 Minuten garziehen lassen.

SERVIERTIP

Genau richtig zu Gnocchi in Käsesauce ist ein bunt gemischter Blattsalat mit Kräuter-Vinaigrette und gekochtem Ei.

Servieren Sie dazu einen erfrischenden Chianti oder einen der neuen australischen Rotweine.

Wildreis mit Bananen

USA

Fruchtige Bananen mit Curryaroma, knackiges Gemüse und edler Reis sind hier kombiniert, wie man es in der Neuen Welt liebt: süßsauer, ein bißchen peppig und schön bunt.

ZUTATEN

(Für 4 Portionen)

FÜR DEN REIS

- Salz
- 250 g Wildreismischung mit Langkornreis
- 1 dünne Stange Lauch
- 3 Chinakohlblätter
- 2 kleine Möhren
- 2 große Champignons
- 100 g Sojabohnenkeime
- 2 EL Öl, 3 EL Brühe

FÜR DIE BANANEN

- 50 g Butter
- Saft von ½ Zitrone
- 1 EL Currypulver
- 1 TL Zucker
- 2 feste Zuckerbananen (siehe Zutatentip)

Zutatentip

Die kleinen Zuckerbananen gibt es bei vielen Gemüsehändlern. Notfalls können Sie aber auch »normale« nehmen.

1 Reichlich Salzwasser in einem großen Topf zum Kochen bringen. Die Reismischung einstreuen, aufkochen und im offenen Topf bei schwacher Hitze in 20 Minuten garen.

2 Inzwischen den Lauch putzen, waschen und in feine Ringe schneiden. Die Chinakohlblätter waschen, die Möhren schälen. Beides in Streifen schneiden. Die Pilze mit einem feuchten Tuch abreiben. Die Sojakeime kalt abbrausen und abtropfen lassen.

3 Das Öl in einer großen Pfanne oder im Wok erhitzen. Das Gemüse, die Pilze und die Sojakeime darin anbraten. Die Brühe angießen und das Gemüse zugedeckt etwa 3 Minuten garen. Den Reis abgießen und abtropfen lassen, untermischen und salzen.

4 Die Butter in einer großen Pfanne zerlassen. Zitronensaft, Currypulver und Zucker einrühren (siehe Kochtip). Die Bananen schälen, längs halbieren und in der Buttermischung bei mittlerer bis schwacher Hitze in etwa 5 Minuten weich und goldbraun braten. Dann mit dem Reis auf Portionstellern anrichten, mit etwas Bratfett aus der Pfanne beträufeln, servieren.

Schritt 2

Schritt 3

Schritt 4

Zubereiten **30** Min.

Pro Portion: 465 kcal/1946 kJ; 9 g EW; 19 g F; 65 g KH

Typisch Boston

Die feine Küche der amerikanischen Ostküste ist gleichermaßen für Gaumen und Auge bestimmt: Entertainment wird dort auch bei Tisch großgeschrieben. Zum exquisiten Essen mit Gästen gehören oft ungewöhnliche, immer aber frische und gesunde Zutaten. Stilvolle Dekorationen bilden das Tüpfelchen auf dem i.

Kochtip

Wenn Sie den Zitronensaft in die heiße Butter rühren, müssen Sie die Pfanne erst von der Kochstelle ziehen, sonst spritzt das Fett zu stark. Nach dem Zitronensaft den Curry und Zucker einrühren. Erst dann die Pfanne wieder auf die Kochstelle setzen. Das Wenden der Bananen geht auch mit Löffel und Gabel gut.

Serviertip

Köstlich zu diesem leichten Gericht sind kurzgebratene Garnelenschwänze mit Knoblauch und Korianderblättchen.

Ein typisch amerikanisches Getränk dazu ist gut gekühlter Eistee oder selbstgemachte Limonade.

Avocadonudeln »Arizona«

USA

Lust auf etwas Neues? Dann schmecken Ihnen diese Nudeln: Das feine Aroma stammt von Avocados. Vermischt werden sie hier einmal nicht mit Parmesan, sondern mit Frischkäse.

ZUTATEN
(Für 4 Portionen)

FÜR DIE NUDELN
- 2 reife Avocados (siehe Küchen-Lexikon)
- Saft von ½ Zitrone
- 2 große Eier
- 500 g Mehl, 1 TL Salz
- 1½ EL gemischte Kräuter (siehe Zutatentip)

FÜR DAS GEMÜSE
- 500 g Tomaten
- 200 g grüne Bohnen
- 1 Zwiebel, 4 EL Öl
- 1 EL gehackte Petersilie
- 100 g Schlagsahne
- 200 g körniger Frischkäse
- Salz, weißer Pfeffer

AUSSERDEM
- Mehl zum Ausrollen

Zutatentip
Sehr gut eignen sich hier gefriergetrocknete Kräuter mit Zwiebeln und Knoblauch.

1 Die Avocados halbieren, entkernen und das Fruchtfleisch mit einem Löffel auslösen. Das Avocadofleisch mit dem Zitronensaft pürieren. Die Eier unterrühren. Das Mehl mit Salz, Kräutern und Avocadopüree vermischen (siehe Kochtip). Zu einem Teig verkneten, in Folie wickeln und 1 Stunde ruhen lassen.

Schritt 1

2 Den Teig mit einer Nudelmaschine oder auf einer bemehlten Fläche mit einem Nudelholz zu möglichst dünnen Platten rollen, dann zu breiten Nudeln schneiden (siehe Kochtip). Die Tomaten kurz blanchieren, enthäuten und ohne Stielansätze würfeln. Die Bohnen waschen, putzen und grob zerkleinern. Die Zwiebel schälen und würfeln.

Schritt 2

3 Das Öl in einer großen Pfanne erhitzen. Die Zwiebel darin glasig werden lassen. Tomaten und Bohnen zugeben und 10 Minuten garen. Petersilie und Sahne untermischen, den Frischkäse unterziehen. Das Gemüse salzen und pfeffern und zugedeckt warm halten.

Schritt 3

4 Reichlich Salzwasser in einem großen Topf zum Kochen bringen. Die Nudeln darin in etwa 5 Minuten bißfest kochen. Abgießen, abtropfen lassen, das Gemüse untermischen und alles sofort heiß servieren.

Zubereiten **30** Min. Ruhen **1** Std.
Garen **15** Min.
Pro Portion: 930 kcal/3891 kJ;
29 g EW; 44 g F; 104 g KH

Typisch Arizona
Der Staat im tiefen Südwesten der USA ist für kulinarische Überraschungen gut. Denn einst mischten die Einwandererfrauen vertraute heimatliche Genüsse mit typischen Indianer-Gerichten, ließen sich von Mexiko inspirieren. So entstanden Nudeln aus Avocados, Pesto mit Koriander oder Maisauflauf mit feurigen Chilis.

Kochtip

- Am besten kneten Sie den Nudelteig mit den Händen etwa 5 Minuten kräftig durch. Dabei nach Bedarf tropfenweise Wasser zugeben, bis der Teig glatt ist.
- Wenn Sie die rohen Nudeln vor dem Kochen etwa 20 Minuten auf einem Küchentuch antrocknen lassen, bekommen sie anschließend genau den richtigen Biß.

Serviertip

Die Nudeln schmecken solo als Hauptgericht mit einem kleinen Salat oder zu kurzgebratenen Steaks in Pilzsauce.

Ein kräftiger Chardonnay aus Kalifornien ist hier genau der richtige Begleiter.

Serviertip Garnieren Sie den Maispudding zusätzlich mit Kirschtomaten in Scheiben oder Vierteln.

Besonders erfrischend dazu: ein karibischer Fruchtcocktail mit Rum und Limettensaft.

MAISPUDDING MIT OKRASCHOTEN

BARBADOS

Leicht und köstlich liebt man es auf den Inseln des ewigen Sommers: Der Maispudding ist der ideale Begleiter zu würzig-knusprigem Grillfleisch bei Ihrer nächsten Barbecue-Party.

ZUTATEN

(Für 4 Portionen)

- 150 g Okraschoten oder grüne Bohnen (siehe Zutatentip)
- 2 EL Öl
- 1 TL Salz
- 150 g feines Maismehl
- 2 EL Butter
- ¼ TL Chiliflocken

ZUTATENTIP

Okras erinnern in Geschmack und Aussehen an grüne Bohnen. Die Schoten bekommen Sie das ganze Jahr über beim Gemüsehändler, in türkischen Geschäften und manchen Supermärkten. Wählen Sie etwa fingerlange Schoten, längere könnten holzig sein. Natürlich können Sie den Pudding auch mit anderem Gemüse servieren.

1 Die Okraschoten waschen und abtropfen lassen. Die Stielansätze abschneiden, die Schoten in fingerbreite Stücke schneiden.

2 Das Öl in einer Pfanne erhitzen. Die Okraschoten darin bei starker bis mittlerer Hitze unter ständigem Wenden leicht braun anbraten. Zugedeckt warm halten.

3 In einem großen Topf ½ l Wasser mit dem Salz aufkochen. Das Maismehl unter ständigem Rühren dazugeben. Dann die Hälfte der Butter und die Chiliflocken unterrühren.

4 Den Maispudding bei schwächster Hitze unter Rühren etwa 5 Minuten kochen, bis er sich vom Rand des Topfes löst.

5 Den dampfend heißen Pudding auf eine vorgewärmte Servierplatte stürzen und zu einem Kegel formen. Rasch mit der restlichen Butter bestreichen und dann sofort mit den warm gehaltenen Okraschoten servieren.

Schritt 1

Schritt 3

Schritt 5

Zubereiten **30** Min.
Pro Portion: 185 kcal/774 kJ; 4 g EW; 7 g F; 27 g KH

TYPISCH KARIBISCH

Viele karibische Gerichte entstammen den Küchen armer Leute. Die Mischung aus spanisch-afrikanischer Kochkunst, landestypischen Zutaten und einer großen Portion Phantasie brachte Mahlzeiten hervor, die heute in der ganzen Welt zu äußerst begehrten Spezialitäten zählen.

SCHARFE PERUANISCHE KARTOFFELN

PERU

In Peru richtet man verschieden scharfe und milde Dips auf Salatblättern an und serviert sie zu heißen oder sogar kalten Pellkartoffeln. Eine besonders köstliche Sauce finden Sie hier.

ZUTATEN
(Für 4 Portionen)

- 800 g vorwiegend festkochende Kartoffeln
- 1 Ei
- ½ reife Avocado
- Saft von ½ Zitrone
- 100 g Feta-Käse
- 3 EL Öl
- 2 EL Schlagsahne
- Salz
- 1 Zwiebel
- 1 rote oder grüne Chilischote (siehe Zutatentip)

ZUTATENTIP
Nehmen Sie eine große rote oder grüne Chilischote, denn sie sollte nur mäßig scharf sein. Kleine Schoten sind gewöhnlich viel schärfer und übertönen leicht das feine Aroma der Käsesauce.

1 Die Kartoffeln waschen und mit der Schale in wenig Wasser in etwa 30 Minuten weich kochen. Abgießen, kurz ausdämpfen lassen, pellen, in dicke Scheiben schneiden und dann in einer großen Schüssel anrichten.

Schritt 1

2 Inzwischen das Ei in etwa 10 Minuten hart kochen. Kalt abschrecken, pellen, halbieren und dann das Eigelb herauslösen.

3 Die halbe Avocado entkernen und das Fruchtfleisch mit einem Löffel auslösen. Das Avocadofleisch mit dem Zitronensaft, dem Feta-Käse, dem Eigelb und 2 Eßlöffeln Öl im Mixer fein pürieren. Mit der Sahne vermischen und mit Salz abschmecken. Anschließend über die Kartoffelscheiben gießen.

Schritt 3

4 Die Zwiebel schälen und in dünne Ringe schneiden. Das restliche Öl in einer Pfanne leicht erhitzen und die Zwiebeln darin glasig werden lassen; dabei häufig wenden.

5 Die Chilischote waschen, Stielansätze und Samenstränge entfernen, die Schote in dünne Ringe schneiden. Mit den Zwiebeln vermischen und kurz erhitzen. Heiß über die Kartoffelscheiben geben und servieren.

Schritt 5

Zubereiten **50** Min.
Pro Portion: 460 kcal/1925 kJ;
12 g EW; 29 g F; 38 g KH

TYPISCH PERUANISCH
Die ungeheure Vielfalt an Kartoffelspeisen gibt es nur bei den Inka-Nachfahren im Andenstaat. Süße rosa Knollen werden mit Zimt zu Marmelade gekocht, mehlige als Brot gebacken, violette Trüffelkartoffeln - inzwischen auch bei uns erhältlich - schmecken besonders gut zur typischen Sauce mit Käse und Zwiebeln.

Kochtip

Die Kartoffeln müssen zum Servieren nicht heiß sein; mit der würzigen Sauce schmecken sie auch lauwarm oder kalt wie Kartoffelsalat. Die Sauce wird mit hartgekochtem Eigelb gerührt, so daß keine Salmonellengefahr besteht. Sie läßt sich gut vorbereiten und im Kühlschrank etwa 3 Stunden lang aufbewahren.

Serviertip

Bereiten Sie aus der übrigen halben Avocado einen Salat mit Maiskörnern und Paprikawürfeln zu.

Reichen Sie als Getränk eine Apfelsaftschorle oder ein helles kühles Bier.

KICHERERBSENTOPF »ALICANTE«

SPANIEN

»Garbanzos con arroz« ist deftige Kost und exquisite Beilage zugleich: Kichererbsen und Reis machen satt, edler Safran und Mandeln in fruchtigem Olivenöl geben das mediterrane Flair.

ZUTATEN
(Für 4 Portionen)

- 250 g Kichererbsen (siehe Zutatentip)
- 1 Knoblauchzehe
- 1 Lorbeerblatt
- Salz
- 75 g Langkornreis
- 3 EL Öl
- 1 mittelgroße Zwiebel
- 1 Döschen Safranfäden
- 1 EL gehackte Mandeln
- 2 EL gehackte Petersilie

ZUTATENTIP
Die Kichererbsen selbst zu kochen lohnt sich für dieses Rezept auf jeden Fall, denn es schmeckt einfach noch besser. Doch wenn es einmal schneller gehen soll, können Sie auch Dosenware verwenden, in diesem Fall 1 Dose à 850 ml Gesamtinhalt (Verwendung siehe Kochtip).

1 Die Kichererbsen in reichlich kaltem Wasser mindestens 8 Stunden einweichen. Dann in ein Sieb abgießen und abbrausen.

2 Die Knoblauchzehe schälen, mit den Kichererbsen und dem Lorbeerblatt in einen Topf geben. 1 l Wasser und Salz hinzufügen. Die Kichererbsen aufkochen und zugedeckt bei schwacher Hitze in 1 Stunde gerade eben weich kochen (siehe Kochtip).

3 Inzwischen den Reis mit ¼ l Wasser aufkochen und zugedeckt bei schwacher Hitze in etwa 10 Minuten knapp weich kochen. Dann abgießen und kalt abspülen.

4 Das Öl in einer Pfanne erhitzen. Die Zwiebel schälen, fein würfeln und im heißen Öl glasig dünsten. Die Safranfäden zwischen den Fingern zerreiben und darüberstreuen. Die Mandeln untermischen und unter Rühren mitbraten, bis sie hellbraun sind.

5 Den Reis und die Zwiebelmischung unter die Kichererbsen rühren. Zugedeckt bei schwacher Hitze noch etwa 5 Minuten ziehen lassen, bis der Reis wieder erwärmt und körnig weich ist. Zuletzt die Petersilie über den Eintopf streuen und diesen heiß servieren.

Schritt 3

Schritt 4

Schritt 5

Einweichen **8** Std.
Garen **1** Std. **15** Min.
Pro Portion: 380 kcal/1590 kJ; 13 g EW; 14 g F; 50 g KH

TYPISCH SPANISCH
Der Eintopf stammt aus der Provinz Murcia, einer der schönsten Landschaften Spaniens: Wunderbare Badestrände und verträumte Buchten wechseln sich ab mit bizarren Felsformationen. Die Küche liebt Regionales von den weiten Reisfeldern und aus der »Huerta«, den fruchtbaren Gemüse- und Obstgärten.

KOCHTIP

Wenn Sie Kichererbsen aus der Dose verwenden, sparen Sie die lange Einweich- und Garzeit: Geben Sie den Doseninhalt in einen großen Topf und erhitzen Sie die Kichererbsen, lassen sie aber nicht kochen. Gießen Sie die Flüssigkeit vor der Weiterverwendung ab und mischen Sie die Kichererbsen mit dem Reis.

SERVIERTIP

Reichen Sie wie in Spanien üblich grob gehackte hartgekochte Eier und helles, lockeres Brot als Beilagen.

Als Getränk paßt am besten ein junger Roter oder ein spanischer Roséwein.

Käse-Polenta

Italien

ZUTATEN
(Für 4 Portionen)

- 1 EL Salz
- 250 g Polentagrieß (siehe Zutatentip)
- 100 g Gorgonzola, Parmesan oder Pecorino
- 3 EL Butter
- weißer Pfeffer

AUSSERDEM
- einige Petersilienblättchen

Zutatentip
Italienischer Polentagrieß für Brei und Schnitten ist mittelfein gemahlener Mais. Für Flammeri und Gebäck verwendet man staubfeines Maismehl. Verschiedene Sorten Maismehl bekommen Sie in deutschen und türkischen Supermärkten, Lebensmittelabteilungen von Warenhäusern und Naturkostläden.

Richtig zubereitet, vermischt mit Butter und geschmolzenem Käse, gehört der goldgelbe Brei aus würzig-herbem Maismehl zu den köstlichsten Beilagen in der italienischen Küche.

1 In einem großen Topf 1¾ l Wasser mit dem Salz zum Kochen bringen. Eine Handvoll Polenta durch die Finger als dünnen Strahl in das schwach siedende Wasser rinnen lassen. Dabei mit einem Schneebesen ständig rühren. Wenn sich der Grieß mit dem Wasser verbunden hat und der Brei glatt ist, die nächste Handvoll Polentagrieß einrieseln lassen. So den gesamten Polentagrieß nach und nach zugeben. Sobald der Brei dicker wird, mit einem Holzlöffel weiterrühren.

Schritt 1

2 Die Polenta unter Rühren wieder kurz aufkochen und dann bei schwacher Hitze 40-50 Minuten garen (siehe Kochtip). Dabei möglichst oft umrühren, damit sie nicht zu sehr am Topfboden ansetzt. Falls die Polenta zu fest ist, etwas Wasser unterrühren.

Schritt 2

3 Den Käse zerbröckeln oder reiben und mit Butter und Pfeffer unter die gare Polenta mischen. Den Holzlöffel in kaltes Wasser tauchen, die Polenta damit fest zusammendrücken und auf eine gut vorgewärmte Platte stürzen. Mit Petersilie garnieren und möglichst dampfend heiß servieren.

Schritt 3

Zubereiten 1 Std.

Pro Portion: 360 kcal/1506 kJ; 18 g EW; 19 g F; 29 g KH

Typisch Norditalien
In großen Teilen der Lombardei, im Friaul und in Venetien war Polenta über 250 Jahre lang Mittelpunkt der Mahlzeit. An der Küste aß man Meeresfrüchte, im Landesinneren Öl oder Butter, Käse oder Pilze dazu. Fleisch gab es nur zu Festtagen, und die heutige Pasta kannten die Fischer und Bauern damals noch gar nicht.

Kochtip

Sobald sich die Polenta von Rand und Boden des Topfes löst, ist sie gar. Beim Stürzen soll sie nicht fließen, sondern als kompakte, glatte Masse auf der Platte landen. Das Rühren und die lange Garzeit sparen Sie mit Instant-Polenta, die es ebenfalls im Supermarkt gibt: Sie ist nach dem Aufkochen bereits in 5 Minuten gar.

Serviertip

In Italien ist Polentabrei oft Beilage zu Meeresfrüchtesalat, Kaninchen oder Wachteln.

Idealer Begleiter ist ein leichter Rotwein, zum Beispiel ein Merlot aus dem Trentino.

Türkische Reisnudeln

Türkei

ZUTATEN
(Für 4 Portionen)

- Je 1 kleine rote und gelbe Paprikaschote
- 1 mittelgroße Zwiebel
- 1 Knoblauchzehe
- 4 EL Olivenöl
- 250 g türkische Reisnudeln (siehe Zutatentip)
- Salz
- 2 EL Zitronensaft
- 1 TL Harissa

AUSSERDEM

- 2 Blättchen Minze

Zutatentip

»Sariyi«, türkische Reisnudeln, werden aus Nudelteig hergestellt, wie Nudeln getrocknet und sind genauso leicht zu kochen. Aber sie sehen aus wie Reiskörner - elfenbeinfarben, lang und schlank. Es gibt sie in türkischen und griechischen Geschäften.

Körnig wie Reis, »bissig« wie Nudeln – die türkische Spezialität vereint die besten Eigenschaften unserer beliebten Beilagen. Paprikawürfelchen wirken darin wie sommerbuntes Konfetti.

1 Die Paprikaschoten halbieren, von Stielansatz sowie Samensträngen befreien, waschen, trockentupfen und in möglichst kleine Würfel schneiden. Die Zwiebel und den Knoblauch schälen und fein würfeln.

Schritt 1

2 In einem großen Topf 1 EL Öl erhitzen. Die Reisnudeln darin bei mittlerer Hitze unter Rühren kurz anbraten, bis sie bräunen. ½ l Wasser und Salz dazugeben. Die Nudeln aufkochen und zugedeckt bei schwacher Hitze in 10-15 Minuten körnig weich wie Reis kochen (siehe Kochtip).

Schritt 2

3 Inzwischen 2 weitere EL Öl in einer Pfanne erhitzen. Die Zwiebel und den Knoblauch darin bei mittlerer bis schwacher Hitze rösten, bis die Zwiebel weich und goldbraun ist. Herausnehmen und warm halten.

4 Das restliche Öl in der Pfanne erhitzen, die Paprikawürfel darin bei starker Hitze kräftig rösten. Mit Salz und dem Zitronensaft würzen. Reisnudeln, Zwiebeln und Harissa dazugeben und alles mit einer Gabel gründlich mischen. Die Minzeblättchen in Streifen schneiden und auf die Reisnudeln streuen.

Schritt 4

Zubereiten 40 Min.
Pro Portion: 340 kcal/1423 kJ; 9 g EW; 14 g F; 45 g KH

Typisch türkisch

Die türkische Küche ist berühmt bei Feinschmeckern für ihre delikaten Kleinigkeiten, bei Experten für ihre ausgewogenen Kombinationen von Gemüse und Getreide, Fleisch und Fisch, Kräutern und Gewürzen. Eine typisch türkische Tafel erfreut Auge und Gaumen, ohne dabei den Magen allzu sehr zu belasten.

Kochtip

Das Anbraten der Reisnudeln ist wichtig: Röststoffe geben Aroma und versiegeln die Oberfläche, so daß die Stärke in den Nudeln bleibt und nicht ins Kochwasser gelangen kann. Achten Sie auf die Hitze, denn Reisnudeln werden schnell braun. Statt Wasser können Sie auch Gemüse- oder Hühnerbrühe nehmen.

Serviertip

Servieren Sie würzigen Lammbraten aus dem Tontopf mit Knoblauch, Tomaten und Kräutern zu den Reisnudeln.

Ideales Getränk ist hier ein türkischer Roséwein oder Ayran, aus Wasser und Joghurt gemischt.

*K*ARTOFFELPÜREE 3 x ANDERS

Längst ist die nahrhafte Knolle der Inkas bei uns heimisch geworden, was die Fülle europäischer Kartoffelgerichte beweist.

KARTOFFELPÜREE MIT TOMATEN

Zubereiten **30** Min.

SCHWEIZ

(FÜR 4 PORTIONEN)

- **800 g mehligkochende Kartoffeln**
- **Salz**
- **¼ l warme Milch**
- **500 g Tomaten**
- **1 kleine Zwiebel**
- **2 EL Olivenöl**
- **1 EL Tomatenmark**
- **100 g magerer Räucherspeck in Scheiben**
- **100 g Crème fraîche**
- **1 Prise Zucker**
- **schwarzer Pfeffer**

1 Die Kartoffeln schälen, waschen und würfeln. Mit soviel Wasser übergießen, daß sie gerade bedeckt sind. Salzen, aufkochen und zugedeckt in etwa 15 Minuten weich kochen. Dann abgießen, fein zerdrücken und die Milch nach und nach untermischen. Das Püree in eine vorgewärmte Schüssel füllen.

2 Die Tomaten kurz blanchieren, enthäuten und achteln. Die Zwiebel schälen und würfeln. In einer Pfanne 1 EL Öl erhitzen. Die Zwiebel darin glasig werden lassen. Tomaten und Tomatenmark dazugeben und zugedeckt bei schwacher Hitze 5 Minuten schmoren.

3 Das restliche Öl in einer Pfanne erhitzen. Die Speckscheiben nebeneinander hineinlegen und langsam ausbraten. Dann auf das Püree legen.

4 Die Tomaten mit Crème fraîche mischen, mit Zucker, Salz und Pfeffer abschmecken und zum Püree servieren.

KARTOFFELPÜREE

Zubereiten

FRANKREICH

(FÜR 4 PORTIONEN)

- **500 g mehligkochende Kartoffeln**
- **1 Knoblauchzehe**
- **Salz**
- **250 g frische Erbsen in der Hülse (Schalerbsen)**
- **¼ l Brühe**
- **50 Butter**
- **100 g Schlagsahne**
- **weißer Pfeffer**
- **geriebene Muskatnuß**
- **1 EL gehackter Kerbel**

1 Die Kartoffeln schälen, waschen und würfeln. Mit dem geschälten Knoblauch in einen Topf geben und soviel Wasser angießen, daß die Kar-

mit Erbsen

30 Min.

toffeln gerade eben bedeckt sind. Salzen, aufkochen und zugedeckt in etwa 15 Minuten weich kochen.

2 Inzwischen die Erbsen aus den Hülsen palen und in der Brühe in etwa 10 Minuten weich kochen. Durch ein Sieb abgießen, die Brühe auffangen.

3 Die Kartoffeln abgießen, mit dem Kartoffelstampfer zerdrücken, dabei nach und nach die aufgefangene Brühe, Butter und Sahne dazugeben. Zuletzt die Erbsen untermischen.

4 Das Püree mit Salz, Pfeffer und Muskat abschmecken, in eine vorgewärmte Schüssel füllen, mit Kerbel bestreuen.

Kartoffelpüree mit Möhren

Zubereiten **30** Min.

Deutschland

(Für 4 Portionen)

- **600 g mehligkochende Kartoffeln**
- **400 g junge Möhren**
- **Salz**
- **2 kleine Zwiebeln**
- **1 EL Öl**
- **2 EL Butter**
- **1 EL Semmelbrösel**
- **¼ l Buttermilch**
- **schwarzer Pfeffer**
- **1 EL gehackte Petersilie**

1 Die Kartoffeln und Möhren schälen, würfeln und in einen Topf geben. Mit Wasser gerade eben bedecken, mit wenig Salz würzen und einmal aufkochen. Zugedeckt bei schwacher Hitze weich garen.

2 Inzwischen die Zwiebeln schälen und in feine Ringe schneiden. Das Öl in einer Pfanne erhitzen. Die Zwiebelringe darin zuerst bei schwacher Hitze glasig und weich, dann bei mittlerer Hitze goldbraun werden lassen. Dabei häufig wenden. Herausnehmen und auf einem Teller warm halten.

3 In dem Bratfett 1 EL Butter schmelzen, die Semmelbrösel dazugeben und unter Rühren goldbraun rösten.

4 Die Kartoffeln und Möhren mit dem Kartoffelstampfer fein zerdrücken. Dabei die restliche Butter und die Buttermilch untermischen. Das Püree mit Salz und Pfeffer abschmecken und in einer vorgewärmten Schüssel anrichten. Zwiebelringe, Semmelbrösel und Petersilie darauf verteilen.

*B*UCHWEIZENGRÜTZE »KASCHA«

RUSSLAND

Feinherbe Buchweizenkörner, mit aromatischen Waldpilzen und Sonnenblumenöl locker gegart, mit etwas Butter und saurer Sahne geschmacklich abgerundet – das ist Rußland pur!

ZUTATEN
(Für 4 Portionen)

- 20 g getrocknete Mischpilze
- 250 g Buchweizengrütze (Kascha; siehe Zutatentip)
- 1 EL Sonnenblumenöl
- Salz
- 1 Zwiebel
- 1 EL Butter
- 150 g saure Sahne
- 3 hartgekochte Eier

ZUTATENTIP

Buchweizen ist ein Wiesenkraut wie Sauerampfer, wird aber seit Jahrhunderten wie Getreide verwendet (siehe Küchen-Lexikon). Es gibt milden Buchweizen mit leicht nussigem Geschmack und herbe, eher bittere Körner. In Naturkostläden und Reformhäusern gibt es fast nur die milde Sorte als ganze Körner, Grütze, Flocken und Mehl.

1 Die Mischpilze in ¼ l warmem Wasser etwa 30 Minuten zugedeckt einweichen. Dann ¾ l Wasser zum Kochen bringen.

2 Die Buchweizengrütze in einem Topf ohne Fettzugabe bei starker Hitze unter ständigem Rühren rösten, bis der Topf sehr heiß ist und die Grütze intensiv duftet. Zuerst 1 Tasse kochendes Wasser, dann die Pilze mit dem Einweichwasser und zum Schluß das restliche kochende Wasser dazugießen.

3 Das Öl untermischen, die Grütze salzen und nicht ganz zugedeckt bei schwacher Hitze 40 Minuten garen, bis sie das gesamte Wasser aufgenommen hat (siehe Kochtip).

4 Inzwischen die Zwiebel schälen und in feine Ringe schneiden. Die Butter in einer Pfanne erhitzen. Die Zwiebelringe darin zuerst bei schwacher Hitze glasig und dann bei mittlerer Hitze goldbraun braten.

5 Die Grütze mit der sauren Sahne und den Zwiebeln vermischen und im geschlossenen Topf auf der abgeschalteten Kochstelle noch 5 Minuten quellen lassen. Die Eier würfeln und die Grütze damit bestreuen.

Schritt 2

Schritt 4

Schritt 5

Zubereiten **1** Std. **20** Min.
Pro Portion: 385 kcal/1611 kJ; 7 g EW; 18 g F; 49 g KH

TYPISCH RUSSISCH

Brei und Grütze sind in Rußland kein Arme-Leute-Essen, sondern etwas Besonderes, das man zu Festtagen mit der Familie und lieben Gästen genießt. In dem riesigen Land wußte man den Wert von Getreide immer zu schätzen. Denn wo es fehlt, herrscht Hunger, den kein anderes Lebensmittel zu stillen vermag.

KOCHTIP

• So können Sie Energie sparen: Die Grütze knapp 20 Minuten kochen. Dann den Topf fest in eine Decke wickeln und noch etwa 1 Stunde stehen lassen, bis die Grütze körnig und weich ist.

• Grütze können Sie gut vorkochen und zugedeckt bei 100 °C in 20 Minuten im Backofen aufwärmen.

SERVIERTIP

Die Grütze ist ideale Beilage zu kräftigem Schmorbraten. Dazu paßt ein Gurkensalat mit viel frischem Dill.

Als Getränk paßt ein kühles Bier, prickelndes Mineralwasser oder frisch gebrühter grüner Tee.

SERVIERTIP Tarhonya sind eine ideale Beilage zu Gulasch oder anderen Fleischgerichten mit Sauce.

Ein Rotwein aus dem Burgenland oder ein Merlot aus dem Trentino paßt hier gut.

Eiergraupen mit milder Paprikasauce

Ungarn

Linsengroße »Tarhonya« aus Mehl, Eiern, Salz und Wasser ißt man traditionell in der Gegend um Szeged. Sie gehören zu den typischen Teigwaren Ungarns – so wie »Riebele« zu Schwaben.

ZUTATEN
(Für 4 Portionen)

- 1 Zwiebel
- 2 rote Paprikaschoten
- 2 reife Tomaten
- 2 EL Schweineschmalz
- 250 g Eiergraupen (siehe Zutatentip)
- 1 EL edelsüßes Paprikapulver
- Salz, schwarzer Pfeffer

AUSSERDEM

- Dillspitzen zum Bestreuen

Zutatentip

Ungarische knapp linsengroße Eiergraupen bestehen aus Eiern, Mehl und Salz. In Österreich sind sie leicht zu bekommen, bei uns gibt es sie leider nur selten zu kaufen. Als Ersatz können Sie schwäbische Riebele, türkische, griechische oder italienische Reisnudeln nehmen.

1 Den Backofen auf 200 °C vorheizen. Die Zwiebel schälen und würfeln. Die Paprikaschoten halbieren, von Stielansatz sowie Samensträngen befreien, waschen und in kleine Rauten schneiden. Die Tomaten kurz blanchieren und enthäuten, dann würfeln und dabei die Stielansätze entfernen.

2 Das Schmalz in einem großen Topf nicht zu heiß werden lassen. Die Eiergraupen darin bei schwacher Hitze unter Rühren hellbraun anrösten. Die Zwiebeln, das Paprikapulver, Salz und Pfeffer untermischen und unter weiterem Rühren schmoren, bis die Zwiebelwürfel glasig sind.

3 In einem Topf ½ l Wasser zum Kochen bringen. Die Paprikaschoten und die Tomaten zu den Graupen geben und kurz mitschmoren. Das siedende Wasser dazugießen und alles einmal aufkochen lassen.

4 Die Graupen zugedeckt im Ofen (Gas 3; Umluft 180 °C) auf der mittleren Schiene 20 Minuten garen. Mit einer Gabel lockern und 10 Minuten weitergaren, bis sie knapp weich und bißfest wie Nudeln sind. Nochmals lockern und mit Dill bestreut servieren.

Schritt 1

Schritt 1

Schritt 2

Zubereiten **50** Min.
Pro Portion: 300 kcal/1255 kJ;
7 g EW; 9 g F; 48 g KH

Typisch ungarisch

Nicht Fleisch spielt die Hauptrolle, sondern Gemüse und Obst: Die ungarische Tiefebene bietet Gurken Paprika und Tomaten, Äpfel, Birnen und Kirschen im Überfluß. Die Küche ist geprägt von Obstsuppen und geschmortem Gemüse mit Brot, Kartoffeln oder Nudeln.

Böhmische Griessklösschen

Tschechien

Glückliches Böhmen, Schlaraffenland für alle Knödel-Liebhaber. Das I-Tüpfelchen auf jeder Portion ist ein Löffel braune Butter mit Semmelbröseln. Ob herzhaft oder süß – ein Genuß!

Zutaten
(Für 4 Portionen)

- 250 g Hartweizengrieß (siehe Zutatentip)
- 40 g Butter
- 1 TL Salz
- 1 Zwiebel
- 1 Ei

AUSSERDEM

- 100 g Butter
- 4 EL Semmelbrösel
- 2 EL gehackte Petersilie

Zutatentip

Hellgelber, grobkörniger Hartweizengrieß ist für Klöße, Schnitten und Nockerl bestimmt, weil er sich als Teig gut formen läßt und beim Kochen richtig bindet. Weißer Weichweizengrieß für Brei und Suppe kocht eher sämig.

1 Den Grieß in eine Schüssel geben. In einem Topf ¼ l Wasser mit der Butter und dem Salz aufkochen und über den Grieß gießen. Zugedeckt 20 Minuten quellen lassen.

2 In einem großen Topf reichlich Wasser mit Salz zum Kochen bringen. Inzwischen die Zwiebel schälen und fein würfeln. Dann mit dem Ei zum Grieß geben und mit den Händen zu einem glatten Teig verkneten. Mit nassen Händen etwa walnußgroße Klößchen formen (siehe Kochtip).

3 Die Klößchen in das sanft sprudelnde Wasser legen und zunächst etwa 5 Minuten leicht kochen lassen, bis sie an die Oberfläche steigen. Dann bei schwacher bis mittlerer Hitze in 15 Minuten knapp unter dem Siedepunkt gar ziehen lassen. Dabei einen Kochlöffel zwischen Topf und Deckel legen, damit der Topf nicht ganz dicht schließt.

4 Inzwischen die Butter in einer Pfanne zerlassen. Die Semmelbrösel mit der Petersilie dazugeben und unter Rühren bei mittlerer Hitze goldbraun werden lassen. Die Klößchen mit einem Schaumlöffel aus dem Topf nehmen und auf vorgewärmten Tellern mit den Semmelbröseln bestreut servieren.

Schritt 2

Schritt 4

Schritt 4

Zubereiten **20 Min.** Garen **20 Min.**
Pro Portion: 550 kcal/2301 kJ;
11 g EW; 31 g F; 57 g KH

Typisch böhmisch

Das touristische Böhmen präsentiert zumeist Deftiges zum Sattwerden. Die authentische Küche ist jedoch bedeutend vielfältiger: Hier finden Sie »Würstchen« aus Wirsing und leichtem Hefeteig, in Butter gebacken, zartrosa Prager Schinken mit Sahnemeerrettich oder böhmische Grießklößchen mit frischem Salat.

Kochtip

Aus dem Teig kann man auch große Knödel formen, die mit gerösteten Brotwürfeln gefüllt besonders locker werden: Dafür ein bis zwei Scheiben altbackenes Weißbrot entrinden, würfeln und in heißem Öl kroß braten. Entweder den Knödelteig damit vermischen oder die Knödel mit den Brotwürfeln füllen.

Serviertip

Reichen Sie Salat zu den Klößchen. Ohne Zwiebel und Petersilie passen sie gut zu Zwetschgenkompott.

Zu deftigen Klößchen paßt ein kühles Bier, zu süßen besser ein Fruchtsaft.

Klassischer Serviettenknödel

Österreich

ZUTATEN
(Für 4 Portionen)

- 250 g Weißbrot
- 70 g Butter
- Salz
- 3 Eier
- 300 g griffiges Mehl (siehe Zutatentip)
- geriebene Muskatnuß
- ¼ l Milch

Zutatentip

Griffiges Mehl bekommen Sie im Supermarkt meist unter der Bezeichnung »Wiener doppelgriffiges Mehl« oder »Doppelgrießler«. Es besteht aus feinsten Körnchen, die Milch oder Wasser im Teig langsamer binden, als das normale glatte Mehl der Type 405. Dadurch bekommt der Teig mehr Stabilität und läßt sich leichter formen.

Dieses Glanzstück der Knödelküche ist besonders saucenfreundlich. Genießen Sie die wunderbar flaumigen Scheiben mit Sauerkraut und Kasseler, mit Gulasch, Salat oder Pilzen.

1 Das Weißbrot in etwa ½ cm große Würfel schneiden. Etwa 50 g Butter in einer Pfanne erhitzen und die Brotwürfel bei schwacher Hitze unter häufigem Wenden in etwa 10 Minuten leicht goldbraun braten. Dann herausnehmen und abkühlen lassen.

Schritt 1

2 Ein Küchentuch auf der Arbeitsfläche ausbreiten und mit der restlichen Butter bestreichen. In einem großen Topf reichlich Wasser mit Salz zum Kochen bringen.

3 Die Eier trennen. Mehl, Muskat, Milch, Eigelbe und Salz in einer Schüssel verrühren. Die Eiweiße steif schlagen und mit den Brotwürfeln unter den Teig mischen.

Schritt 3

4 Den Teig auf das Küchentuch geben, zu einer etwa 7 cm dicken und 30 cm langen Rolle formen. In das Tuch wickeln (siehe Kochtip). An den Enden mit Küchengarn zubinden und ins kochende Wasser legen. Den Knödel im halb geschlossenen Kochtopf bei schwacher Hitze etwa 45 Minuten sanft köcheln lassen, dabei einmal wenden.

Schritt 3

5 Den Serviettenknödel aus dem Wasser nehmen, auf ein Brett legen, aus dem Tuch wickeln und in Scheiben schneiden.

Zubereiten **30** Min. Garen **45** Min.
Pro Portion: 660 kcal/2761 kJ;
22 g EW; 25 g F; 87 g KH

Typisch österreichisch

Knödel gehörten einst überall in den Alpen nur zur Bauernküche. Es waren böhmische Köchinnen in Wiener Bürgerhäusern, die sie in kulinarische Kunstwerke verwandelten: leicht in der Suppe, edel als Beilage, deftig mit Speck zum Kraut. Weit über die Grenzen Wiens hinaus wurden süße Obstknödel zur Spezialität.

Kochtip

Den Serviettenknödel sollten Sie nicht zu stramm in das Küchentuch einrollen, denn er geht beim Garen wie Kuchenteig auf und wird schön locker. Damit sich der fertige Knödel gut löst, tauchen Sie ihn mit dem Tuch nach dem Kochen kurz in kaltes Wasser. Dann schneiden sie das Garn auf und wickeln ihn aus.

Serviertip

Der Serviettenknödel ist der klassische Begleiter von Pilzgulasch, Hasenpfeffer oder Rinderschmorbraten.

Dazu paßt ein gehaltvoller Spätburgunder aus Österreich oder der Schweiz.

PETERSILIENKNÖDEL MIT FLEISCHSAUCE

DEUTSCHLAND

Kartoffelknödel kennen Sie, Semmelknödel auch. Doch die urbayerische Knödelvariante aus Kartoffeln und Semmeln ist Ihnen gewiß neu. Probieren Sie! Sie werden begeistert sein.

ZUTATEN
(Für 4 Portionen)

FÜR DIE KNÖDEL

- 3 altbackene helle Weizenbrötchen
- 2 TL Salz
- ⅛ l Milch
- 1,5 kg mehligkochende Kartoffeln
- 1 EL Zitronensaft
- 1 Bund glatte Petersilie (siehe Zutatentip)
- 1 Ei

FÜR DIE SAUCE

- 2 EL Olivenöl
- 1 große Zwiebel
- 300 g gemischtes Hackfleisch
- 1 Dose Tomaten (400 g)
- 1 TL getrockneter Thymian
- Salz, schwarzer Pfeffer

ZUTATENTIP

Zum Würzen eignet sich die glattblättrige Petersilie besser als die mit krausen Blättern.

1 Die Brötchen in dünne Scheiben schneiden, in eine Schüssel geben und salzen. Die Milch in einem Topf erhitzen, darübergießen und 20 Minuten ziehen lassen.

2 Die Kartoffeln schälen, waschen, reiben und mit dem Zitronensaft mischen. Portionsweise in ein Küchentuch geben und gut ausdrücken. Die Petersilie waschen, trockenschütteln und fein hacken. Reichlich Salzwasser in einem Topf zum Kochen bringen.

3 Das Ei, die Kartoffeln und die Petersilie zu den eingeweichten Brötchen geben. Alles mit den Händen zu einem Teig verkneten und 12 Knödel formen (siehe Kochtip).

4 Die Knödel in das sprudelnd kochende Wasser geben und im offenen Topf bei starker Hitze aufkochen. Dann bei schwacher Hitze in etwa 20 Minuten gar ziehen lassen.

5 Das Öl in einem Topf erhitzen. Die Zwiebel schälen, würfeln und im heißen Öl glasig werden lassen. Das Fleisch dazufügen und krümelig braten. Die Tomaten, den Thymian, Salz und Pfeffer dazugeben. Die Tomaten zerdrücken und 15 Minuten schmoren.

Schritt 2

Schritt 3

Schritt 5

Zubereiten **20** Min. Garen **30** Min.
Pro Portion: 695 kcal/2908 kJ;
27 g EW; 26 g F; 88 g KH

TYPISCH DEUTSCH

Einst waren Semmelknödel im Norden Bayerns Festtagsgericht, im Süden jedoch Alltagsessen. Bei Kartoffelknödeln lief es umgekehrt – die Franken aßen sie täglich, die Münchner liebten sie als Delikatesse. Irgendwann gelang einer Bayerin der Knödel-Kompromiß: herzhaft wie der aus Kartoffeln, aber einfacher zu kochen.

Kochtip

Bei allen Knödeln sollten Sie zuerst eine kleine Portion zur Probe kochen. Denn die Konsistenz des Teigs kann je nach Alter der Brötchen oder Stärkegehalt der Kartoffeln unterschiedlich sein. Deshalb einen kleinen Knödel formen und vorab 10 Minuten garen. Wenn er die Form behält, die restlichen Knödel zugeben.

Serviertip

Je nach Saison schmeckt ein knackiger Feldsalat mit Knoblauch-Vinaigrette zum herzhaften Knödelgericht.

Dazu paßt eine echt bayerische »Radlermaß«, aus hellem Bier und Zitronenlimonade 1:1 gemischt.

ALTDEUTSCHE KARTOFFELKNÖDEL

DEUTSCHLAND

ZUTATEN
(Für 6 Portionen)

- 2,5 kg mehligkochende Kartoffeln
- ¼ l Milch
- 3 TL Salz
- eventuell 1-2 TL Kartoffelstärke
- 4 Scheiben Toastbrot (siehe Zutatentip)
- 2 El Butter

ZUTATENTIP
Statt Toastbrotscheiben können Sie auch altbackenes Weißbrot oder Brötchen vom Vortag verwenden. Wenn es ganz fix gehen soll, kaufen Sie fertige Croûtons (nach Belieben auch mit Zwiebel- oder Knoblauchgeschmack) in der Tüte. Es gibt sie in gutsortierten Supermärkten.

Kartoffelknödel sind eine wunderbare Beilage zu allen Gerichten, die mit viel Sauce gereicht werden – preiswert und einfacher zu machen, als es auf den ersten Blick erscheinen mag.

1 Die Kartoffeln schälen und waschen. Zwei Drittel in eine Schüssel mit kaltem Wasser legen. Die restlichen Kartoffeln kleinschneiden und zugedeckt in einem Topf in wenig Wasser bei mittlerer Hitze garen.

2 Die rohen Kartoffeln auf der Gemüsereibe fein reiben. Portionsweise in einem sauberen Küchentuch auspressen. Dabei die Flüssigkeit auffangen und stehen lassen, bis sich die Kartoffelstärke abgesetzt hat. Dann nur das Wasser vorsichtig abgießen.

3 Die garen Kartoffeln durch die Kartoffelpresse drücken. Die Milch in einem Topf erhitzen. Die Kartoffelmassen mit Milch, Salz und abgesetzter Stärke mischen und zu einem glatten Teig verkneten. Eventuell etwas Kartoffelstärke zugeben (siehe Kochtip).

4 Toastbrot würfeln. Butter in einer Pfanne zerlassen. Die Brotwürfel darin knusprig braten. Aus dem Teig faustgroße Knödel formen und jeweils einige Brotwürfel in die Mitte geben. Reichlich Salzwasser in einem großen Topf zum Kochen bringen. Knödel hineingeben, bei schwacher Hitze ohne Deckel 20 Minuten gar ziehen lassen. Mit einem Schaumlöffel herausnehmen und anrichten.

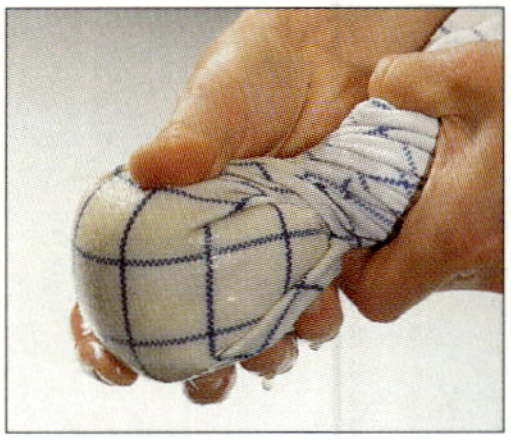

Schritt 2

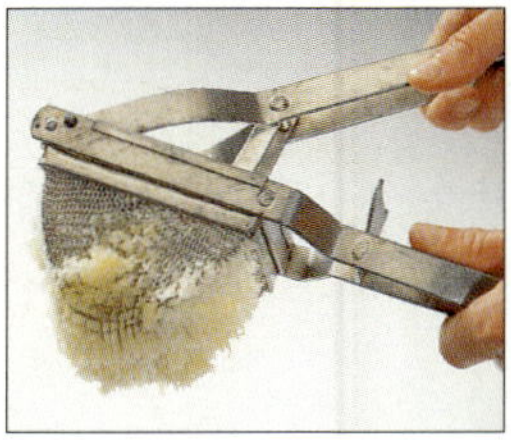

Schritt 3

Schritt 4

Zubereiten **1** Std. Garen **20** Min.
Pro Portion: 435 kcal/1820 kJ;
11 g EW; 9 g F; 78 g KH

TYPISCH DEUTSCH
Rezepte für Klöße gibt es in Deutschland in großer Zahl. Ganz gleich ob sie aus Oberbayern, Franken, Thüringen oder Schlesien stammen - sie alle beweisen: Klöße erfreuen sich großer Beliebtheit und das schon sehr lange. Auch große deutsche Dichter wie Goethe und Schiller aßen sie mit Begeisterung.

Kochtip

Kartoffelstärke ist wichtig, damit der Knödelteig gut zusammenhält. Der Stärkegehalt der Knollen variiert jedoch stark. Um ganz sicher zu gehen, daß der Teig gut bindet, können Sie einen Probeknödel vorab garen. Verliert er seine Form, muß noch etwas Kartoffelstärke unter den Teig gemischt werden.

Serviertip

Kartoffelknödel passen gut zu Sauerbraten oder Schweinebraten mit Rotkohl oder als Beilage zu gegrillter Ente.

In Süddeutschland wird dazu gerne Weizenbier getrunken, aber ein Pils oder Wein paßt ebenso.

Schwäbische Griess-Schnecken

Deutschland

Zutaten

Für 4 Portionen

Für den Teig

- 250 g Mehl
- Salz
- geriebene Muskatnuß
- 1 Ei
- 1 EL Öl

Für die Füllung

- 75 g Butter
- 125 g Weichweizengrieß
- Salz, weißer Pfeffer
- 400 ml Milch
- 2 EL gehackte Petersilie

Ausserdem

- Mehl zum Ausrollen
- Butter zum Braten

Zutatentip

In den Kühltheken süddeutscher Supermärkte gibt es fertigen Strudelteig, mit dem die Rollen schneller und auch sehr gut gelingen.

Grießbrei im Nudelteig? Für Nichtschwaben sicher ungewohnt. Aber locker gegart und heiß aufgeschnitten, sind diese Rollen ein wahres Gedicht zu geschmorten Pilzen oder Wildgulasch.

1 Das Mehl mit Salz, Muskat, Ei, Öl und 5 EL Wasser verkneten, in Frischhaltefolie wickeln und 50 Minuten ruhen lassen.

2 Die Butter in einem Topf erhitzen. Den Grieß dazugeben, und anrösten. Salz, Pfeffer und Milch hinzufügen und aufkochen. Den Grieß auf der abgeschalteten Kochstelle zugedeckt 10 Minuten quellen lassen. Petersilie untermischen und etwas abkühlen lassen.

3 Den Teig auf wenig Mehl zu einer Platte von 20 x 30 cm ausrollen und mit dem Grießbrei bestreichen. Dabei rundherum einen fingerbreiten Rand frei lassen, damit beim Aufrollen nichts herausquellen kann.

4 Zwei Seiten der Teigplatte nach innen über die Füllung legen. Von der längeren Seite her aufrollen, in ein Küchentuch wikkeln. Die Enden mit Küchengarn zubinden.

5 Die Rolle in Salzwasser einmal aufkochen und etwa 50 Minuten ziehen lassen (siehe Kochtip). Herausnehmen, auswickeln, in 2 cm dicke Scheiben schneiden. Die Butter in einer Pfanne erhitzen und die Scheiben darin auf beiden Seiten anbraten. Sofort servieren.

Schritt 3

Schritt 3

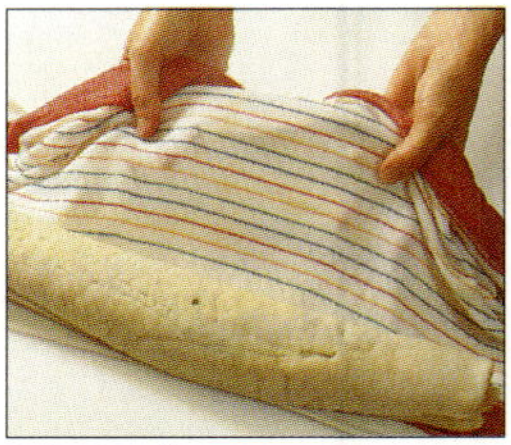

Schritt 4

Zubereiten 1 Std. Garen 1 Std.

Pro Portion: 580 kcal/2427 kJ; 15 g EW; 25 g F; 73 g KH

Typisch schwäbisch

Gut essen und trinken ist für die Schwaben eine richtige Philosophie. Vielleicht liegt es an den üppigen Wiesen und sanften Hügeln, am nahen Bodensee mit seinem Fischreichtum, an den riesigen Obstgärten oder einfach an den Schwaben selbst, die alle diese Gaben zu nutzen und so richtig zu genießen wissen.

Kochtip

Der Topf muß so lang sein, daß die Rolle hineinpaßt, ohne daß sie gequetscht oder gar geknickt wird. Das Wasser soll sie gerade eben bedecken und muß an den Seiten noch gut zirkulieren können. Den Deckel nicht ganz auflegen und bei Bedarf während des Garvorgangs noch etwas kochendes Wasser nachfüllen.

Serviertip

Grießrollen schmecken mit Tomaten und Käse überbacken besonders gut und passen solo auch zu Salat.

Als Getränk paßt ein kräftiger Rotwein aus Baden oder Württemberg, z. B. Trollinger oder Lemberger.

SERVIERTIP Ohne Kompott und Zucker paßt der Schmarren auch zu Sauerkraut mit Kasseler Rippchen.

In der Schweiz reicht man Milchkaffee zum süßen oder Wein zum herzhaften Schmarren.

Schmarren mit Dörrobstkompott

Schweiz

Die Nähe zu Österreich brachte den Schmarren ins Bündner Land. Aber die Schweizer legen sich nicht fest: Ihr Schmarren schmeckt zu süßem Kompott so gut wie zu Kraut oder Salat.

Zutaten
(Für 4 Portionen)

Für das Kompott
- 150 g getrocknete Pflaumen
- 50 g getrocknete Aprikosen
- 50 g getrocknete Sauerkirschen (siehe Zutatentip)
- ¼ l Apfelsaft
- 1 Zimtstange
- 100 g Zucker

Für den Schmarren
- 150 g Mehl, Salz
- abgeriebene Schale von ½ unbehandelten Zitrone
- 300 ml Milch, 4 Eier

Außerdem
- 2 EL Butterschmalz
- 1 EL Zucker

Zutatentip
Getrocknete Sauerkirschen gibt es im Naturkostladen.

1 Die getrockneten Früchte heiß abspülen und mit dem Apfelsaft in einen Topf geben. Zimtstange und Zucker hinzufügen. Das Obst zugedeckt über Nacht quellen lassen.

2 Am nächsten Tag das Mehl mit Salz und abgeriebener Zitronenschale in einer Schüssel mischen. Die Milch langsam dazugießen und rühren, bis der Teig glatt ist. Nacheinander die Eier unterrühren. Den Teig zugedeckt 1 Stunde ruhen lassen.

3 Inzwischen das eingeweichte Obst aufkochen und zugedeckt bei schwacher Hitze 5 Minuten garen. Die Zimtstange entfernen.

4 In einer großen beschichteten Pfanne das Butterschmalz erhitzen. Den Teig hineingießen und zugedeckt bei schwacher Hitze etwa 10 Minuten backen, bis er an der Unterseite fest ist. In der Pfanne mit einem Bratwender in Stücke teilen bei mittlerer Hitze unter häufigem Wenden goldbraun backen.

5 Den Schmarren auf einer vorgewärmten Platte anrichten, mit dem Zucker bestreuen und heiß zum warmen Kompott servieren.

Schritt 1

Schritt 2

Schritt 5

Einweichen **12** Std.
Zubereiten **1** Std. Braten **30** Min.
Pro Portion: 590 kcal/2469 kJ; 17 g EW; 13 g F; 101 g KH

Typisch Bündner Land
Der größte Schweizer Kanton gilt als Land der 150 Täler, die ihre Eigenständigkeit bewahrt haben – auch beim Essen. So können Sie bäuerlichen Schmarren oder Gerstensuppe im nördlichen Teil kosten, Bündner Fleisch im Engadin und am San Bernardino italienische Küche.

FRITIERTE MANDELKROKETTEN

FRANKREICH

Das Tüpfelchen auf dem i wird dieser Klassiker aus Frankreich bei Ihrem nächsten Festessen: zart-flaumiger Kartoffelteig mit einem Hauch Muskat, umhüllt von knusprigen Mandeln.

ZUTATEN

(Für 4 Portionen)

- 800 g mehligkochende Kartoffeln
- 1 Knoblauchzehe
- 40 g Butter
- 2 Eigelbe
- geriebene Muskatnuß (siehe Zutatentip)
- Salz, weißer Pfeffer
- eventuell 1 EL Mehl (siehe Kochtip)
- 2 Eier
- 50 g Mandelblättchen

AUSSERDEM

- Mehl zum Formen
- 1 l Öl zum Fritieren

ZUTATENTIP

Verwenden Sie nach Möglichkeit frisch geriebene Muskatnuß. Der Geschmack ist dann einfach intensiver als bei fertig geriebenem Muskatpulver, das rasch sein Aroma verliert.

1 Die Kartoffeln schälen, waschen und würfeln. Mit wenig Wasser in einem Topf zugedeckt in etwa 15 Minuten weich kochen. Abgießen, ganz heiß durch eine Kartoffelpresse drücken. Den Knoblauch schälen und dazupressen. Alles mit dem Kartoffelstampfer zu feinem Mus verarbeiten.

Schritt 1

2 Das Püree wieder in den Topf geben und auf die abgeschaltete Kochstelle setzen. Butter, Eigelbe, Muskat, Salz und Pfeffer hinzufügen und den Teig glattrühren. Falls er bei Berührung am Finger klebt, etwas Mehl teelöffelweise untermischen (siehe Kochtip).

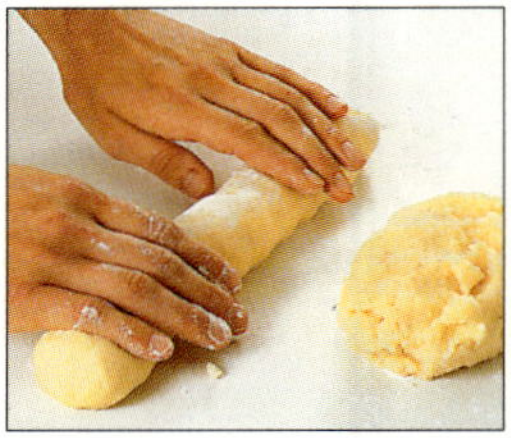

Schritt 3

3 Den Teig auf einer bemehlten Arbeitsfläche zu einer 2 cm dicken Rolle formen. Die Rolle in etwa 5 cm lange Stücke schneiden. Diese zu Kroketten formen und einzeln auf ein bemehltes Brett legen. Bedeckt mit einem Tuch etwa 2 Stunden trocknen lassen.

Schritt 4

4 Die Eier auf einem Teller verquirlen. Die Mandeln auf einem zweiten Teller bereitstellen. Das Öl zum Fritieren auf 180 °C erhitzen. Die Kroketten portionsweise zuerst in Ei, dann in den Mandeln wälzen und im heißen Öl in 2-3 Minuten goldgelb backen.

Zubereiten **2** Std. **30** Min.
Backen **30** Min.
Pro Portion: 580 kcal/2427 kJ; 11 g EW; 43 g F; 37 g KH

TYPISCH SAVOYEN

Hier in den Bergen haben Frankreich und die Schweiz eine fruchtbare Allianz geschlossen: Bäuerlich Deftiges verbindet sich mit verfeinerter Kochkunst. Nach einem ausgedehnten Bummel im malerischen Städtchen Annecy genießt man gerne handfeste Tafelfreuden mit Kartoffeln, Käse, Sahne und Savoyer Wein.

Kochtip

Für Mandelkroketten sollten Sie die Kartoffeln ausnahmsweise geschält kochen. So können Sie sie ganz heiß verarbeiten, und der Teig wird schön locker. Zum Untermischen von Fett und Eigelb nur kurz rühren. Je mehr Stärke die Kartoffeln enthalten, um so weniger zusätzliches Mehl benötigen Sie für den Kartoffelteig.

Serviertip

Mandelkroketten sind eine edle Beilage zu Rehrücken oder Rinderragout mit zartem Buttergemüse.

Zu Wild und Rindfleisch paßt kräftiger Rotwein, aber auch ein frischer Roséwein.

Kartoffelklösschen auf irische Art

Mögen Sie gern Deftiges? Dann könnte die irische Version der Kroketten mit Speck-Zwiebel-Füllung zum Lieblingsessen Ihrer Familie werden. Mit Salat sind sie ein preiswertes Hauptgericht.

IRLAND

ZUTATEN
(Für 4 Portionen)

- 750 g mehligkochende Kartoffeln
- 2-3 EL Mehl
- 50 g Frühstücksspeck
- 1 kleine Zwiebel
- 1 Ei
- Salz, schwarzer Pfeffer
- 750 g Fett zum Fritieren (siehe Zutatentip)

ZUTATENTIP
Beim Fritieren erhitzt sich das Fett auf etwa 180 °C. Diese hohe Temperatur halten Butterschmalz, Kokosfett oder raffinierte Speiseöle aus. Auch natives Olivenöl und Erdnußöl können Sie hoch erhitzen, allerdings nur kurz zum Braten in Pfanne oder Wok. Kaltgepreßte Öle oder Butter eignen sich nur zum Dünsten, nicht zum Braten oder gar Fritieren.

1 Die Kartoffeln waschen und mit der Schale in wenig Wasser zugedeckt in etwa 30 Minuten weich kochen. Dann abgießen, kurz ausdämpfen lassen, pellen und zweimal durch die Kartoffelpresse drücken. Das Püree auf eine Platte geben, mit Mehl bestreuen und etwas abkühlen lassen.

2 Inzwischen den Speck in feine Streifen schneiden und in einer Pfanne ohne Fettzugabe bei schwacher Hitze ausbraten. Die Zwiebel schälen, fein würfeln, zum Speck geben und glasig dünsten.

3 Das Ei, Salz und Pfeffer zum Kartoffelpüree geben und alles mit den Händen zu einem weichen Teig verarbeiten, der sich gut formen läßt und nicht klebt. Den Teig in 12 Stücke teilen. Diese zu flachen Bällchen formen und dabei mit der Speck-Zwiebel-Mischung füllen.

4 Das Fett in einem hohen Topf oder einer Friteuse auf 180 °C erhitzen. Die Bällchen darin portionsweise in 2-3 Minuten goldgelb backen. Mit einem Schaumlöffel herausnehmen, auf Küchenpapier kurz abtropfen lassen und heiß servieren.

Schritt 1

Schritt 2

Schritt 3

Zubereiten **1** Std. Backen **30** Min.
Pro Portion: 440 kcal/1841 kJ;
8 g EW; 29 g F; 37 g KH

TYPISCH IRISCH
Die Iren sind richtige Kartoffelesser: Noch vor ein paar Generationen standen große Schüsseln Kartoffeln auf den Frühstückstischen, sogar in reichen Adelshäusern. Doch die irische Küche bietet auch über eine Vielzahl feinster Kartoffelgerichte hinaus wahre Delikatessen, nicht selten mit frisch gefangenem Fisch.

KOCHTIP

Für diesen Kartoffelteig sollten Sie grundsätzlich mehligkochende Kartoffeln verwenden. Knollen der Sorte »Aula«, »Datura« oder »Monza« zum Beispiel enthalten soviel Stärke, daß der Teig gut zusammenhält und Sie zum Formen nur wenig Mehl benötigen. Denn zuviel Mehl macht die Klößchen trocken.

SERVIERTIP

Die Iren reichen zu Kartoffelklößchen alle Arten von Gemüse – zum Beispiel Wirsing mit leichter Sahnesauce.

Genießen Sie dazu ganz stilecht ein original irisches Guinness-Bier oder ein dunkles Alt.

Serviertip Außer zu Schweinebraten schmecken die Kartoffeln auch zu Bratwurst und/oder Sauerkraut.

Die Dänen trinken helles Bier dazu. Doch ein trockener Rotwein von der Rhône paßt ebenso.

KARAMELISIERTE KARTOFFELN

DÄNEMARK

Die Dänen mögen es gerne süß, und so essen sie in Karamel glasierte Kartoffeln zu Schweinebraten mit Kruste. Dazu gehören noch gedünstete Äpfel, gefüllt mit halbierten Pflaumen.

ZUTATEN

(Für 4 Portionen)

- 1 kg kleine Kartoffeln (siehe Zutatentip)
- 90 g feiner Zucker
- 75 g Butter
- ½ Bund Petersilie

ZUTATENTIP

Diese leckere Beilage gelingt mit Kartoffeln aus neuer Ernte so gut wie mit eingelagerten Herbstkartoffeln. Wählen Sie kleine Knollen, die schneller garen und mit der Zucker-Butter-Mischung glasiert schöner aussehen. Es spielt dagegen keine Rolle, welche Sorte Sie wählen. Mehlige Kartoffeln sollten Sie allerdings etwas kürzer garen als festkochende, damit sie am Ende nicht zerfallen.

1 Die Kartoffeln unter fließend kaltem Wasser gründlich bürsten. Dann in einen großen Topf geben und mit der Schale in wenig Wasser zugedeckt in etwa 20 Minuten nicht ganz weich kochen. Die Kartoffeln abgießen, kurz ausdämpfen lassen und pellen.

Schritt 1

2 Den Zucker in eine große Pfanne geben und bei schwacher bis mittlerer Hitze unter ständigem Rühren schmelzen und hellbraun werden lassen.

3 Die Butter hinzufügen und unter weiterem Rühren zerlassen. Die Kartoffeln dazugeben und so lange in der Zucker-Butter-Mischung wenden, bis sie mittelbraun und schön glänzend sind.

Schritt 3

4 Die Petersilie waschen und trockenschütteln. Die Blättchen abzupfen und ganz fein hacken. Die heißen Kartoffeln damit mischen, in eine gut vorgewärmte Schüssel füllen und sofort servieren.

Schritt 4

Zubereiten 40 Min.

Pro Portion: 425 kcal/1778 kJ;
5 g EW; 16 g F; 65 g KH

TYPISCH DÄNISCH

Auf dem Land mit seinen malerischen alten Dörfern bestimmen Ackerbau und Viehzucht den Tageslauf, sowohl für den Eigenbedarf als auch für den Export. Und die dänischen Milchprodukte sind weltweit berühmt – denken Sie nur an die bekannten Käse Havarti und Esrom.

KÜCHEN-LEXIKON

Hier finden Sie Wissenswertes und Informatives rund um das Thema Beilagen und eine Reihe nützlicher Tips für die Knödelküche.

ABSCHRECKEN

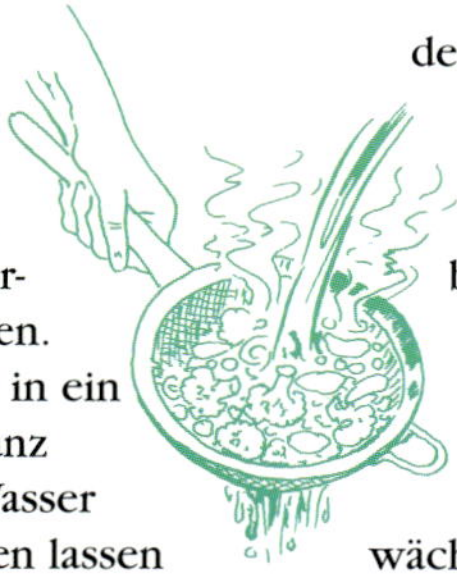

Es empfiehlt sich, Kartoffeln, Eier oder Gemüse nach dem Kochvorgang abzuschrecken. Dazu das Kochgut in ein Sieb geben und ganz kurz mit kaltem Wasser übergießen. Schalen lassen sich dann leichter abziehen, und der Garprozeß wird gestoppt. Damit Nudeln nicht durch Nachgaren zu weich werden, sollten sie zuletzt einen Schuß kaltes Wasser direkt ins Kochwasser geben und die Nudeln erst dann abgießen.

BUCHWEIZEN

Buchweizen ist eigentlich kein Getreide, sondern der Samen eines Knöterichgewächses. Er wird jedoch seit Jahrhunderten – genau wie Getreide – für Brei, Suppen, Klöße und Aufläufe verwendet. Da Buchweizen etwa 10 Prozent hochwertiges Pflanzeneiweiß enthält, gebührt ihm in der gesunden Ernährung ein fester Platz.

GALGANT

Das südostasiatische Gewürz ist mit Ingwer verwandt, schmeckt aber viel feiner. Die frische Knolle mit weißem oder zartrosafarbenem Fleisch gibt es in Asien- und Feinkostläden. Falls Sie nur getrockneten oder pulverisierten Galgant bekommen können, ersetzen Sie ihn besser durch frischen Ingwer. Galgant harmoniert gut mit Chilischoten, Koriander, Kreuzkümmel, Zitronenblättern, Zitronengras, Sojasauce, Reiswein und Kokoscreme. Vorbereitet wird er genau wie frischer Ingwer.

GNOCCHI

Sie sind die feinen italienischen Verwandten unserer Klößchen oder Nockerl. Der Teig kann aus Kartoffeln, Weißbrot, Mehl oder Grieß bereitet sein, die Größe von Daumennagel bis Haselnuß variieren. Gnocchi brauchen Sie nicht selbst zu machen; in den Kühlthe-

BEILAGEN IN FORM GEBRACHT

Die Mühe lohnt sich, denn das Auge ißt ja bekanntlich mit.

Reistimbales

Zum Reis-Formen eignen sich kleine Auflauf-, Kuchen- oder Souffléförmchen, die gründlich mit Butter oder Öl ausgestrichen sind. Den heißen Reis einfüllen, festdrücken und auf Portionsteller stürzen.

Kartoffelpüreeröschen

Sie gelingen mit dem Spritzbeutel: große Tülle wählen, das weiche Püree einfüllen und auf die Teller spritzen. Besonders hübsch ist überbackenes Püree: dafür die Rosetten auf Backpapier spritzen, mit einer Mischung aus Eigelb und Sahne bestreichen und in dem auf höchster Stufe vorgeheizten Ofen überbacken, bis die Röschen goldgelbe Spitzen haben.

Nudelnester

Frisch gekochte lange dünne Spaghetti oder Bandnudeln abgießen, mit heißem Öl oder zerlassener Butter mischen und portionsweise mit einem Löffel und einer großen Gabel wie Spaghetti aufrollen. Die Nester auf Teller geben und beliebig füllen.

Kartoffelspießchen

Kleine geschälte Kartoffeln abwechselnd mit frischen Lorbeerblättern auf Spieße stecken, in Salzwasser in 20-25 Minuten gar kochen und mit ausgebratenem Speck anrichten. Oder in der Pfanne in reichlich Olivenöl braten, mit frischen Kräutern bestreuen, dann mit etwas Zitronensaft beträufeln und sofort heiß servieren.

ken der Supermärkte, Lebensmittelabteilungen von Warenhäusern und Italienläden gibt es sie frisch und in großer Auswahl. Außerdem gibt es getrocknete Gnocchi aus Nudelteig, eine Spezialität aus Sardinien, die an Muschelnudeln erinnern.

Wildreis

Mehr als 1000 Jahre waren die schwarzen Samen einer kanadischen Reisart Grundnahrungsmittel der Indianer. Von ihnen lernten die Europäer, die Wasserpflanze als wertvolle Kohlenhydratquelle zu nutzen. Bis Anfang der 70er Jahre kam dieser Reis nur natürlich gewachsen, von Booten aus gesammelt, unvergleichlich im Geschmack und entsprechend teuer in den Handel. Heute erzeugen viele US-Staaten kultivierten Wildreis, der inzwischen einen Marktanteil von etwa 90 Prozent hat und nicht einmal halb soviel kostet wie echter Wildreis. Es gibt ihn pur oder gemischt mit anderen Reis- oder Getreidesorten.

Zitronengras

Das Gewürz mit dem feinen Zitronenaroma ist typisch für die Küche Indonesiens, Vietnams und Thailands. Kulinarisch genutzt wird nur der untere Teil des Halmes, der einer Lauchzwiebel ohne Wurzeln ähnelt. Sollen die Halme im Ganzen verwendet werden, legt man sie auf die Arbeitsfläche und drückt sie mit einem Nudelholz flach, damit die Fasern aufbrechen und das Aroma frei wird. Damit sich die Fasern nicht im Essen auflösen, verknotet man sie ein- oder zweimal miteinander. Wird gehacktes Zitronengras benötigt, nimmt man nur den saftigen weißen unteren Teil. Zitronengras gibt es frisch oder getrocknet in Asienläden. Getrocknetes Zitronengras sollten Sie vor der Verwendung ca. 30 Minuten in warmem Wasser quellen lassen.

Tips für die Knödelküche

Knödelzutaten

Knödel sollten locker sein und trotzdem zusammenhalten. Die Mengen für die Zutaten sind nur schwer exakt anzugeben. So saugen sehr trockene Brötchen mehr Milch auf, und stärkereiche Kartoffeln brauchen weniger Mehl, bis der Teig richtig bindet. Mit besonders großen Eiern, vielen Kräutern oder Zwiebeln kann ein Semmel- oder Grießteig auch zu locker werden. Da helfen Paniermehl, Grieß oder auch etwas zusätzliches Mehl.

Probeknödel

Am besten kochen Sie einen Probeknödel im Miniformat: Wenn er nach 10 Minuten Garzeit die Form behalten hat, ist der Teig richtig. Wird er weich oder löst sich beim Kochen auf, mischen Sie noch etwas Paniermehl unter den Teig.

Knödelformen

Feuchte Teige für Semmel-, Getreide- oder Leberknödel formen sich leichter mit nassen Händen; trockene Teige aus gekochten Kartoffeln oder aus Hefeteig besser mit bemehlten Händen. Weiche Teige mit viel Fett werden fester, wenn sie vor dem Formen einige Zeit im Kühlschrank ruhen. Der Teig von Semmel- und Serviettenknödeln ist so weich, daß er beim Formen an den Händen haften bleibt.

Garen

Die Garmethode richtet sich nach der Teigart: Hefeknödel sollten zugedeckt sanft köcheln. Bei allen anderen Knödeln den Deckel nur halb auf den Topf legen und nach dem erstem Aufkochen knapp unter dem Siedepunkt in 20-25 Minuten gar ziehen lassen. In jedem Fall einen großen, Topf mit reichlich Salzwasser verwenden.

Menüvorschläge

Überraschen Sie Ihre Familie oder liebe Gäste doch mal mit einem vollständigen Menü. Diese Vorschläge sollen Ihnen die Zusammenstellung landestypischer Speisenfolgen erleichtern.

Ghana

Knusprige Maisnocken 6/7
Salat mit Spinat und Tomaten
Ananas mit Schlagsahne

Nigeria

Gewürzgriess mit Erdnusskernen 8/9
Gebratene Okraschoten
Bananenbeignets

Tunesien

Couscous mit Gemüse 10/11
Hähnchen in Pfeffersauce
Aprikosentorte

Afghanistan

Gemüsepilaw 12/13
Lammspieße mit Zwiebeln
Datteln mit Marzipan

Indien

Indischer Zwiebel-Butter-Reis 14/15
Lammcurry
Mangowürfel auf Eis

Indonesien

Gebackene Maispuffer 16/17
Gemüse in Kokossauce
Gestürzte Ananastorte

Australien

Gnocchi mit Käsesauce 20/21
Avocados mit Krabbenfüllung
Pfirsich mit Kokosstreuseln

USA

Wildreis mit Bananen 22/23
Knoblauchgarnelen
Himbeer-Soufflé

Avocadonudeln »Arizona« 24/25
Gefüllte Tomaten
Vanille-Früchte-Torte

Barbados

Maispudding mit Okraschoten 26/27
Grillhähnchen
Fruchtsalat

Peru

Scharfe peruanische Kartoffeln 28/29
Tomaten-Orangen-Salat
Kokosplätzchen

Spanien

Kichererbsentopf »Alicante« 30/31
Gemüseomelett
Orangensorbet

Rezeptregister

Impressum

Redaktion: Förstner & Knophius GmbH
Illustrationen: Rita Mühlbauer

Bildnachweis
Alle Titel- und Rezeptfotos:
Meister Verlag/International Masters Publisher B.V.
Harry Bischof, Michael Brauner, Georg Wunsch
Einleitung: 4 oben Schapowalow, Brooke; 4 unten Schapowalow, Sperber; 4/5 oben Mauritius, Rossenbach; 4/5 unten Mauritius, Age; 5 oben Schapowalow, Novak; 5 Mitte Bilderberg, ITAR-TASS; 5 unten Bilderberg, Poupinet
Fotos zu den »Typisch-Abschnitten«: 6 Bilderberg, Baumgartl; 8 Mauritius, von Knobloch; 10 AllOver, Tönspeteretto; 12 Mauritius, Jensen; 15 Schapowalow, Holm; 16 Mauritius, Eichhorn; 20 Mauritius, Vidler; 22 Schapowalow, Brooke; 24 Mauritius, PowerStock; 27 Schapowalow, Atlantide; 28 Mauritius, FM; 32 Mauritius, Hubatka; 34 Bilderberg, Bossemeyer; 38 Schapowalow, Bukowski; 41 Schapowalow, Trölenberg; 42 Mauritius, Vidler; 44 Image Bank, Trummer; 46 Schapowalow, Aspect; 48 Schapowalow, Rose; 50 Mauritius, Pigneter; 53 Mauritius, Thiele; 54 Mauritius, Thonig; 56 Mauritius, Dr. Lorenz; 59 Bavaria, Trippler;

Reproduktionen Meyle+Müller Medien-Management
75172 Pforzheim
Computer to plate: S-B-P-S GmbH Kirchberg
Druck und Weiterverarbeitung Sebald Sachsendruck Plauen

ISBN 3-88477-034-9